Christoph Nix

Deutsche Kurzschlüsse

EVROPA

Juli 99

Achtzehn Einlassungen über die Zusammenhänge von Politik und Verbrechen, über verbotene Verhörmethoden, unrechtmäßige Untersuchungshaft, falsche Kronzeugen, fahrlässige Tötungen und die Ungebührlichkeit vor Gericht. Geschichten, Berichte, Protokolle und Plädoyers eines zornigen Juristen und darüber, wie der Philosoph Ulrich Sonnemann die deutsche Justiz und den Staat das Fürchten lehrte.

»In den deutschen Polizei- und Gerichtsstuben, da endet allzu oft der Rechtsstaat im Sumpf, und dort ist er immer noch steckengeblieben: im Morast des Schweriner Sees, vor der ostdeutschen Stadt Bad Kleinen.« Christoph Nix

Christoph Nix, geboren 1954 in Herborn/Hessen, ist Rechtsanwalt, Strafverteidiger und Professor für Öffentliches Recht und Strafvollzugsrecht. Neben dem Studium der Rechtswissenschaft arbeitete er als Clown und Zirkusdirektor. Theaterausbildung und -arbeit mit Augusto Boal, Gardi Hutter, Peter Palitzsch und Frank Castorf. Zahlreiche juristische und literarische Veröffentlichungen, Gerichtsreportagen »Alles, was Recht ist« für die *Wochenpost*, u.a. Juristische Kommentare zum Kinder- und Jugendhilfegesetz (1991), zum Jugendgerichtsgesetz (1993) und zum Ausländerrecht (1994); 1993 erschien der Erzählband *Als hätten sie den Westerwald mit Olivenbäumen bepflanzt*. Seit 1994 ist Christoph Nix Intendant des Theater Nordhausen und des LOH-Orchesters Sonderhausen. Christoph Nix lebt in Nordhausen.

CHRISTOPH NIX

Deutsche Kurzschlüsse

Einlassungen zu Justiz, Macht und Herrschaft

Europäische Verlagsanstalt

Die Deutsche Bibliothek - CIP-Einheitsaufnahme

Nix, Christoph:
Deutsche Kurzschlüsse : Einlassungen zu Justiz, Macht und Herrschaft / Christoph Nix. - Hamburg : Europäische Verlagsanstalt, 1997
(eva-Taschenbuch ; Bd. 233)
ISBN 3-434-46234-1
NE: GT

eva-Taschenbuch Band 233

Originalausgabe
Umschlagmotiv: George Grosz: John der Frauenmörder (1918)

Herstellung: Das Herstellungsbüro, Hamburg
Satz: H & G Herstellung, Hamburg
Druck und Bindung: Druckerei Wagner, Nördlingen
Printed in Germany 1996

Inhalt

Philosophen, Maler, Detektive *7*
Über Ungebührlichkeiten vor Gericht *13*
Der Philosoph als Detektiv *28*
Über das Mitleid *51*
Der Präsident *63*
Der Tote vom Kudamm *68*
Klappe zu und Affe tot *72*
Weder Rechtsstaat noch Gerechtigkeit *84*
Perikles und das Shakespeare-Komplott *91*
Über das Ende des Strafvollzuges *99*
Das verschlossene Amtsgericht *117*
Der Tod des Physikers *123*
Fahrlässige Tötungen *136*
Verschlossen und verriegelt *141*
Der Haftgrund der Verdunkelungsgefahr *147*
Bad Kleinen 1996 *159*
Anselm von Feuerbach: Kaspar Hausers Detektiv *167*
Wenn Frauen töten *173*

Abkürzungsverzeichnis *178*
Hinweise *179*

Philosophen, Maler, Detektive

Ein Filmdrehbuch

Einleitung

Das Drehbuch zu diesem Film beginnt im Jahre 1956.

Die Geschichte spielt in New York. Es ist Herbst. In einer Wohnung in Manhattan, genauer gesagt im 27. Stockwerk, trifft sich der Maler George Grosz mit einem Freund. In meinem Film heißt der Freund Ulli, »Uncle Ulli«. Grosz ist knapp sechzig, Ulrich Sonnemann ist 45 Jahre alt.

Die beiden sind vor über zwanzig Jahren nach Amerika geflüchtet. Sie sind den Nationalsozialisten entkommen. Werden sie bleiben oder gar zurückgehen. Zurück nach Deutschland?

Schnitt.

Am Hamburger Hafen legt ein Schiff an. Die »Queen Elizabeth«. Die Schornsteine rauchen noch. Herr Grosz verläßt das Deck mit seinen beiden Söhnen, gefolgt von seiner Frau. Ulli Sonnemann läuft hinter ihnen her. Er ist allein. Er hat nur einen Koffer. Die Emigranten gehen die Gangway herunter. Einige Freunde erwarten sie. Zurück in Deutschland.

Schnitt.

Ulli Sonnemann hat lichtes Haar. In Deutschland oder besser in München erhält er eine schlecht bezahlte Dozentur an der Hochschule für Film und Fernsehen. Grosz zieht nach Berlin. Er ist erfolglos: verarmt, trinkt und wird depressiv. Im Juni 1959 bekommt er »eine billige Entschädigung« in Geld. Als Wiedergutmachung für das an ihm in der Nazizeit verübte Unrecht.

Schnitt.

Manchmal treffen sich die Herren Grosz und Sonnemann. Sie gehen über »Checkpoint Charley« in den Ostsektor Berlins. Unweit der zerstörten Synagoge, in einer Kneipe im zerstörten Scheunentorviertel, trinken sie und denken nach über den Zustand dieser Welt.

Schnitt.

Am nächsten Tag, nach einer dieser Trunkennächte, am 6. Juli 1959 stirbt Grosz. Vordergründig ist es Herzversagen, hintergründig nichts weiter als der Kummer.

Schnitt.

Ulli S. im Hörsaal, doziert. Die Studenten sind auf eine seltsame Weise sehr still, als erwarteten sie doch noch das Ende einer Geschichte, deren Ende aber offen bleibt. S. spricht über die Figur des »Autoritären Charakters«. Er erläutert Horkheimers und Adornos Thesen, warum die Deutschen wurden, was sie sind: »Kleinbürger und/oder Faschisten.« Nach der Vorlesung bleibt er alleine am Katheder zurück. Da erscheint ein junger Mann, sucht das Gespräch.

Wir Zuschauer können nichts verstehen. Eine Anweisung der Regie. Lehrer und Schüler stehen sich gegenüber. Eine antiquierte Szene. Die Kamera geht in die Totale.

Schnitt.

München im Frühjahr 1960. Vor dem Gebäude des Landgerichts II haben sich Hunderte, Tausende von Hausfrauen, lodenbemantelten Rentnern und das übrige Volk, der Mob, versammelt:

»Aufhängen«, rufen sie und meinen die blonde Frau.

»Aufhängen, Vera Brühne.«

In ihren Augen, sagt Ulrich Sonnemann, der gleiche Kirchweihglanz. Als riefen sie »Judenhure« oder »Kommunistensau«.

Hier beginnt eigentlich erst meine Geschichte.

Schnitt.

Die Geschichte eines praktischen Philosophen. Die immer wiederkehrende Geschichte über die »Neugier mit System«, Geschichten und Recherchen, Geschichten über Recherchen und die Geschichte der praktischen Philosophie, die eigentlich eine Detektivgeschichte ist.

Schnitt.

Kann man, muß man nicht sogar eine Gesellschaftstheorie formulieren, die in der Tradition der »Frankfurter Schule« steht und deshalb praktische Antworten liefert auf die Kriminalismen des Alltags und »White-Collar-Crime«?

Haben die alten Männer in der Tradition der Herren

Freud und Marx überhaupt noch was zu sagen? Auf diese Fragen gibt es keine endgültigen Antworten. Es gibt nicht einmal systematisierte Zweifel, da die Scheu deutscher Intelligenzler vor dem Alltagsdreck gesellschaftlicher Wirklichkeiten stets ungeheuer groß war.

Daher formuliere ich diese Einlassungen und träume von einem Filmexposé, das mit unserem Grundthema etwas zu tun haben könnte: philosophische Neugier und detektivistischer Voyeurismus.

Schnitt.

1918 hat George Grosz ein Bild gemalt. Darauf ist ein rosa Frauenkörper zu sehen. Der Kopf ist nahezu vom Rumpf abgetrennt. Neben der Leiche liegt ein Blumenstrauß. Ein Mann entfernt sich. Es könnte der Bräutigam sein. Aber es ist der Mörder, der zugleich der Bräutigam sein kann: »John, der Frauenmörder«. Gleich ist er verschwunden, dann hat man ihn gesehen, und danach muß der Detektiv rekonstruieren, wie er ausgesehen haben mag. Rekonstruktion einer mörderischen Physiognomie. Oder schlichter:

Die Erinnerung an das Gesicht eines Mörders.

Schnitt.

Meine Essays sind eine Hommage an Ulrich Sonnemann, der den Detektiv und den Philosoph gelebt hat. Den Mordfall Vera Brühne haben wir bis heute nicht gelöst.

Nicht anders geht es mir mit dem Tod von Willi Meyer. Ein kurzer Ausflug an die italienische Riviera, der uns bald wieder zurückführt in die Thüringer Konzentrationslager.

Schnitt.

Damit nicht alles ungeklärt bleibt, »Kurze Prozesse«, Rückschau auf Täter und Opfer, teilnehmende Beobachtung. Exkursionen in die Psychiatrien und Gefängnisse und Auseinandersetzungen über Grundthemen einer philosophischen Detektei: Verbotene Vernehmungsmethode, das Aufstehen vor Gericht, die Abschaffung der Gefängnisse und andere Komplotte.

Schnitt.

Einlassungen, oder allenfalls Dossiers, keine geschlossene Theorie, alles in allem der psychoanalytischen Maxime des Kommissars Maigret folgend: »Ich verurteile nicht, ich versuche zu verstehen.«

Schnitt.

Irgendwo, vielleicht in Metropolis oder in Berlin am Prenzlauer Berg, an der Straße von Casablanca steht ein Ladenlokal. An der Glasfront hängt ein Schild. Die Kamera zoomt die Schrift herbei.

»Prof. Dr. Sonnemann · Privatdetektei · Praxis für philosophische Lebensfragen.«

Eine schwarze Limousine biegt um die Ecke. Ein junger Mann springt heraus. Er hat einen kahlgeschorenen Schädel. Er greift in seine Tasche und zieht eine Benzinflasche hervor, zündet sie an und schleudert sie durch die Fensterscheibe. Es brennt. Sirenen heulen, aber die Straße bleibt leer.

Schnitt.

Es folgt der Abspann und die Filmmusik. Komponiert hat sie der letzte DDR-Nationalpreisträger Friedrich Schenker.

Ende.

Über Ungebührlichkeiten vor Gericht

Vors.:	Herr Teufel, ich darf Sie bitten aufzustehen.
Teufel:	–
Vors.:	Stehen Sie auf.
Teufel:	–
Vors.:	Wenn Sie nicht aufstehen, werde ich gegen Sie Ordnungshaft verhängen.
Teufel:	... wenn es denn der Wahrheitsfindung dient *(steht auf)*.
Vors.:	Im Namen des Volkes...[1]

Fritz Teufel ist mit dieser Szene in die Justizgeschichte eingegangen. Stärker noch als seine Verweigerung beleuchtet der Halbsatz »Wenn es denn der Wahrheitsfindung dient« die Sinnlosigkeit des Rituals im deutschen Strafprozeß. Fritz Teufel, einst Protagonist der Studentenbewegung, später unschuldig in Haft wegen eines Deliktes, das er niemals beging, hat dem Vorsitzenden Richter und allen anderen Repräsentanten deutscher Gerechtigkeitsrituale die eigene, normativ festzumachende Melodie vorgespielt.

Die Hauptverhandlung mit ihren Grundmaximen Verhandlungseinheit (§ 226 Strafprozeßordnung), Konzentration (§§ 228 Strafprozeßordnung), Öffentlichkeit (§ 169 Gerichtsverfassungsgesetz), Mündlichkeit (§§ 250, 261, 264 Strafprozeßordnung) und Unmittelbarkeit (§ 250 Strafprozeßordnung) hat sich der Wahrheitsfindung verschrieben.

»Wahrheit ist relativ«, sagt der Volksmund, und das Bundesverfassungsgericht hat an anderer Stelle die Rechtssi-

[1] vgl. dpa-Meldung vom 1. 12. 1967

cherheit vor die Aufgabe der Wahrheitsfindung gestellt. Sicherheit und Ordnung geht vor Wahrheitsliebe, Aufstehen vor Gerechtigkeit. Wir werden sehen.

Dient das Aufstehen vor Gericht dem Erkenntnisprozeß eines demokratischen Strafprozesses, oder ist es nur ein Anachronismus? Die Teufelsche Aktion gegen Ende der 60er Jahre leitete zahlreiche Normdurchbrechungen vor Richtern ein. Rechtsanwälte weigerten sich »aus prinzipiellen Gründen in der Verhandlung die Robe zu tragen«[2], Angeklagte erhoben sich nicht mehr von ihren Plätzen, das Publikum buhte, junge Studentinnen zeigten ihren Busen, Studenten schissen auf den Tisch, man erschien salopp oder gar maskiert vor Gericht. So wurde Ende der 60er und Anfang der 70er Jahre in Frage gestellt, was jahrzehntelang nicht hatte hinterfragt werden dürfen. Zwei Aspekte der justiziellen Reaktionen werden uns beschäftigen:

1) Welche Rechtsgrundlagen finden sich in der Verfahrens- und Prozeßordnung über einzuhaltende Rituale und Verhaltensweisen im Strafprozeß?

2) Wie reagierte die Justiz, d.h. der Spruchkörper, auf diese Normdurchbrechungen?

Setzen, stellen, legen

Das Oberlandesgericht (OLG) in Nürnberg[3] hatte im August 1968 über die Beschwerde eines Angeklagten zu befinden, der am ersten Verhandlungstag einen Tag Ordnungshaft, am zweiten Verhandlungstag 3 Tage Ordnungshaft

[2] Loewe/Rosenberg/Schäfer § 176 GVG, RN 18

[3] Juristenzeitung 1969, S. 152 f

erhalten hatte, da er nicht von seinem Platz aufgestanden war und den Richter, einen Amtsgerichtsrat Dr. M., mit »Richter M« angeredet hatte. Später hatte er dem Richter sogar den Vorwurf gemacht, »muffig« zu sein.

Weder die Verfassung, noch die Strafprozeßordnung, gar das Gerichtsverfassungsgesetz haben eine Regel aufgestellt, wer und wann im deutschen Strafprozeß sitzen, stehen oder liegen darf.

Soweit vollzieht das Oberlandesgericht Nürnberg die hier vertretene Auffassung nach: »Richtig ist, daß es keinen Katalog von Vorschriften gibt, welche das Verhalten eines Verhandlungsteilnehmers vor Gericht im genauen regelt.«

Jetzt aber beginnt die Flucht ins ungeschriebene, ins vordemokratische Milieu, in das sogenannte Gewohnheitsrecht:

»Das Gebührliche vor Gericht, dessen Verletzung in § 178 Gerichtsverfassungsgesetz (GVG) behandelt wird, setzt sich aus dem zusammen, was die Gesellschaft als geschriebene oder ungeschriebene Regeln annimmt, beachtet und zur Beachtung aufgibt.«

Zu guter Letzt kreiert der Senat nunmehr Extrembeispiele, die allesamt dem Beschwerdeführer in concreto nie zur Last gelegt wurden:

»Darunter fällt zum Beispiel, daß ein Verhandlungsteilnehmer während der Sitzung nicht ißt, daß er nicht *sichtbar* Zeitung liest, daß er sich nicht auszieht ...«

Die anschließende verfassungsrechtliche Prüfung des Senats, inwieweit die von ihm als notwendig einzuhaltenden Gebote und Verbote verfassungskonform seien, erschöpfen sich in einem einzigen Satz.

Gehen wir systematisch vor. Das GVG überträgt dem Vorsitzenden einer Hauptverhandlung sogenannte sitzungspolizeiliche Befugnisse. § 176 GVG ist die Grundnorm, § 177 GVG gibt die Befugnis, bestimmte Personen aus dem Sitzungszimmer zu entfernen; während Beschuldigte, Zeugen und Sachverständige unter den Personenkreis fallen, ist die Vorschrift auf Rechtsanwälte nicht anwendbar.[4]

§ 178 GVG läßt gegen die dort genannten Personen, die sich in der Sitzung einer Ungebühr schuldig machen, die Festsetzung von Ordnungsmitteln zu, ohne zu sagen, was unter Ungebühr zu verstehen ist.[5]

Hier beginnt das Reich der justiziellen Auslegung, und dieses Reich ist hart umkämpft. Die sprachliche Auslegung stößt rasch auf ihre Grenze.

Die Etymologie des Wortes »gebühren« führt uns zunächst ins Angelsächsische, »giburian«, später auch ins Gotische, und wird von Kluge[6] mit »gern«, dem Substantiv »Lust«, »sich ziemen« oder »Sorge tragen« gedeutet.

Kluge gibt auch einen Hinweis auf die Bibelübersetzung Luthers[7], »gebür« wird hier mit »billich« oder »gemeesz« übersetzt.

Wahrig[8] hat den Wortstamm schon verlassen und operationalisiert den Begriff der Ungebühr als »ein unangemes-

[4] vgl. Bundesverfassungsgericht *Neue Juristische Wochenschrift* 1976, S. 103

[5] Loewe/Rosenberg/Schäfer § 178 RN. 1

[6] Kluge, Friedrich, *Etymologisches Wörterbuch,* Berlin 1967 20. A.

[7] Lukas 12, 42

[8] Wahrig, Günther, *Deutsches Wörterbuch,* 6. Band, Wiesbaden Stuttgart 1984

senes Verhalten von an Gerichtsverhandlungen teilnehmenden Personen«.

In der Prozeß- und Verfahrensordnung selbst findet sich auch in anderem Normzusammenhang keine Ausführung des unbestimmten Rechtsbegriffs.

Dennoch hat die Judikatur sich genötigt gesehen, nach konkreten zu entscheidenden Einzelfällen die Ungebühr in abstracto zu definieren.

Wozu das führt, mag ein Zitat des Oberlandesgerichts in Hamm[9] belegen:

Die Ungebühr bestimme sich »aus der Natur des förmlichen Verfahrens, mit dem die rechtsprechende Gewalt ihren auf den Hoheitsakt des Urteils abzielenden Verfassungsauftrag erfülle«.

Egon Schneider[10] hat dem OLG Hamm als Methodiker vorgehalten, daß auch mit neuen Leerformeln der Begriff der Ungebühr gar nicht definierbar ist.

Wenn Ungebühr nichts anderes ist als ein Bündel von Bewertungen einzelner Sachverhalte, ohne daß mit Beispielen aus dem Gerichtssaal das Wesen dieses Begriffes erfaßt werden könnte, dann ist die Ungebühr eben nur ein Wert. Werte und Ideen aber sind nicht definierbar.[11]

Trotzdem versteht ein Teil der Literatur[12], und versteht überwiegend die Rechtsprechung[13], unter Ungebühr ein

[9] *Neue Juristische Wochenschrift* 1975, S. 942

[10] Ungebühr vor Gericht, *Monatsschrift für deutsches Recht* 1975, S. 622ff

[11] Schneider, Egon, *Logik für Juristen,* Heidelberg 1972, S. 28

[12] Schmidt, Eberhardt, ZRP 1969, 254 ff; Baur, Fritz, JZ 1970, S. 247f

[13] OLG Darmstadt, JW 1934, S. 705; OLG Hamm, NJW 1963, S. 1791; MDR 1975, S. 600

Verhalten, das geeignet ist, die Würde des Gerichts erheblich zu verletzen *oder* Ruhe und Ordnung einer gerichtlichen Verhandlung gröblich zu stören.

Hier wird ein Synonym durch ein anderes ersetzt und auf die Weise zu einem Wert erhoben, der mystifiziert, wo Rationalität am Platze ist.

Die sitzungspolizeilichen Vorschriften haben ausschließlich den Sinn und Zweck, prozedieren zu können. Es gilt, ein geordnetes Verfahren zu garantieren. Den Prozeßbeteiligten sowie der Öffentlichkeit soll Raum – im gegenständlichen wie im gedanklichen Sinne – bleiben, in dem sie Konzentration, Rede und Gegenrede, Zuhören und Ansehen üben können. Dafür muß der Vorsitzende Sorge tragen, auch bei Störungen von außen und innen. Zu Recht hat Rüping[14] darauf hingewiesen, daß in § 178 GVG keine Rede von der Würde des Gerichts ist und daß hier von der Rechtsprechung Vorstellungen in den Ungebührlichkeitsbegriff gelegt werden, die vorkonstitutionelle Vorstellungen vom Richterbild wiedergeben.

Die Sitzungspolizei ist Ordungsrecht, und dieses »will – im Unterschied zum Kriminalrecht – weder staatliche Institutionen schützen, noch das Ansehen von Staatsdienern«[15] in den Rechtschutzkatalog aufnehmen.

Noch wichtiger ist mir ein systematisches Argument. Der deutsche Strafprozeß, besser: die historischen Gesetzgeber der Strafprozeßordnung, haben nie davon lassen können,

[14] ZZP 88 (1975), S. 215
[15] Rüping, Bernd, ZZP 1975, S. 216

den Vorsitzenden Richter in einer Zwitterstellung zu halten. Obliegt dem Vorsitzenden die gesamte Verhandlungsleitung (§ 258 StPO) mit allen inquisitorischen Anfälligkeiten, beinhaltet die StPO aber auch gleichzeitig accusatorische Grundsätze des anglikanischen Rechts, wenn auch nur schwach entwickelt, so würde eine Überforderung der zugleich sitzungspolizeilichen Befugnisse mit allzu würdevollen Richterbildern dem Spruchkörper die Souveränität nehmen, die ein solches Amt braucht, um sich in nötiger Distanz auf die Wahrheitssuche begeben zu können.

Projiziert man in den Begriff der Ungebühr eine vom Strafrichter selbst zu bestimmende »Würde des Gerichts«, so unterliegen die Vertreter dieses extensiven Ungebührbegriffes einer Mystifikation des Richteramtes, die gerade durch Artikel 92 des Grundgesetzes (GG) nicht gedeckt ist.

Entdramatisierung von Konflikten und forensische Seelenkunde

Zwischen dem Angeklagten und dem Vorsitzenden Richter in dem vom OLG-Nürnberg zu entscheidenden Fall spielt sich ein Konflikt ab, dessen Klärung von einer bestimmten Eskalationsphase ab den Beteiligten aus der Hand genommen war. Ein Dritter hätte eingreifen müssen, aber ein prozessualer Supervisor existiert nicht im Rahmen unserer Prozeßordnung.

Der Amtsgerichtsrat, der sich angegriffen fühlte, konnte sich auf eine scheinbar rationale Position zurückziehen.

Er verfügt über einen – objektivierbaren – Begriff von Würde. Er subsumiert, und heraus kommt die Ordnungshaft. Alles weit ab von einer wirklichen Konfliktklärung.

Hätte man die Interaktion zwischen Richter und Angeklagtem verbalisiert, so wäre, wenn jeder Akteur vor der Aktion verpflichtet gewesen wäre, sein Bild vom jeweils anderen zu beschreiben, ein Geflecht von Übertragungen, Vor-Urteilen und Projektionen deutlich geworden. Möglicherweise hätten die so entstandenen Bilder wenig Ähnlichkeit mit den konkreten Personen gehabt.

Richter: Ah, der steht nicht einmal vor mir auf. Das ist einer, der alles in Frage stellt. Das ganze Establishment, und mich zählt er dazu. Jetzt will er mich auch noch weiter provozieren. Er spricht mich an, ohne Titel, ohne akademischen Grad. Wieviel Jahre habe ich gebraucht, mir den zu erarbeiten. Was höre ich? Er sagt, ich sei muffig. Das ist die Höhe.

Angeklagter: Warum soll ich vor ihm aufstehen? Er ist auch nur ein Mensch. Eingebildet ist er. Vielleicht kann ich von Mensch zu Mensch mit ihm reden? Herr Richter. Warum paßt ihm das jetzt wieder nicht. Vielleicht sage ich einfach, was ich empfinde: Sie sind aber heute muffig. Nein, das versteht er gar nicht. Mit so einem kann man nicht reden. Ich bleibe sitzen.

Erinnern wir uns der von Paul Watzlawick[16] nahezu anekdotenhaft vorgetragenen »Systemtheorie der menschlichen Begegnung«. So erinnert das Spiel vom Stehen und Sitzen an die »Geschichte mit dem Hammer«.

[16] Watzlawick, Paul, *Anleitung zum Unglücklichsein*, München 1983

Es ist ein altes – immer wieder von neuem zu wiederholendes – Plädoyer in Interaktion und Seelenkunde für die Fortbildung von Vorsitzenden Richtern und anderen Justizpersonen.

Da dies fehlt, wollen wir einem »Supervisor-Vorsitzenden« das Wort erteilen. Der ehemalige BGH-Senatspräsident Sarstedt hat zu der OLG-Nürnberg-Entscheidung eine Anmerkung verfaßt:

»Gewiß ist es herkömmlich, daß man vor Gericht bei den vom OLG erwähnten Gelegenheiten aufsteht. Schon die Sprache unterscheidet: man steht vor Gericht, man sitzt zu Gericht. Aber man braucht die Verbindlichkeit solcher hergebrachten Verhaltensweisen nicht gar so schmiedeeisern zu nehmen. Das Stehen ist gar keine Demutshaltung. Es beeinträchtigt weder die Menschenwürde noch die freie Entfaltung der Persönlichkeit. Als Redner pflegt man zu stehen, während die Zuhörer sitzen. Das gilt auch dann, wenn der Redner eine höhere Stellung bekleidet (Unterricht durch Vorgesetzte beim Militär) oder älter und vielleicht gebrechlicher ist als die Zuhörer (Lehrer von Schülern, Professor vor Studenten). Vielen ist das Stehen beim Sprechen einfach bequemer, weil das Sitzen die Übersicht und die Bewegungsfreiheit beeinträchtigt. Der Pfarrer steht beim Gottesdienst vor der sitzenden Gemeinde. Vielfach ist es also geradezu ein Vorrecht, stehen zu dürfen. Vor Gericht hebt es in zweckmäßiger Weise den hervor, der gerade das Wort hat. Das Aufstehen kann beim Angeklagten, beim Staatsanwalt, beim Verteidiger eine Wortmeldung ausdrücken; es wirkt selbstbewußter als das eher schülerhafte Handaufheben.

Aber aus alledem folgt nicht, daß das Sitzenbleiben eine Ungebühr sein müßte. Davon, daß es die Verhandlung störe, kann nicht im Ernst die Rede sein. Die Verhängung einer Ungebührstrafe stört sie viel mehr. Daß die Pflicht zum Aufstehen ›in einem Verhandlungsraum vorgegeben‹ sei, trifft nicht zu. Die meisten Verhandlungen spielen sich unter lauter sitzenden Teilnehmern ab. Daß hier eine Gewalt des Staates eine Funktion ausübt, nötigt ebenfalls nicht zum Aufstehen. Wenn der Bundestag ein Gesetz beschließt, stehen die Zuhörer auch nicht auf. Der Kraftfahrer verhandelt im Sitzen mit dem Polizeibeamten, der ihm eine gebührenpflichtige Verwarnung erteilt und dabei steht. Bei polizeilichen Vernehmungen wird dem Vernommenen ein Stuhl angeboten. Darunter leidet die Achtung vor der vollziehenden Gewalt nicht.«

So einfach scheint das, durch seine sprachliche Schlichtheit überzeugend. Überzeugend auch durch die Integrität des Verfassers. Aber auch nach dieser Anmerkung aus dem Jahr 1969 in der *Zeitschrift für Rechtspolitik* und nach Veröffentlichung dieses Artikels wird weiterhin aufgestanden werden vor Gericht. Ich werde keinem Angeklagten, den ich verteidige, raten, zu prüfen, ob die Rechtsprechung mittlerweile beim Sitzenbleiben vor Gericht keine Ungebühr mehr sieht. Es wird weiter aufgestanden werden. Es wird weiterhin in den meisten Fällen eine Erhöhung zwischen Staatsanwaltschaft und Verteidigung im Raume sein. Richterstühle bleiben gepolstert, die der Angeklagten sind es nicht.

Eine jüngere Szene aus dem März des Jahres 1992, aus einer Verhandlung, in der ich verteidigte, ist symptomatisch:

In der Verhandlungspause hatte ich die Robe ausgezogen. Die Protokollantin kündigte das Gericht an. Als die

Richter auf der Empore versammelt waren, hatte ich meine Robe noch nicht geschlossen und zugeknöpft. Daraufhin die Vorsitzende: Aber er ist ja noch gar nicht richtig angezogen.

Die Kammer verließ den Verhandlungssaal. Die Vorsitzende Richterin verbarg sich hinter der Tür und fragte die Protokollantin, ob ich, der Verteidiger, nunmehr richtig angezogen sei. Demonstrativ knöpfte ich meine Robe bis zum untersten Knopf zu. Ich hatte die Empfindung, nackt gewesen zu sein. Dieses Gefühl vermittelte mir die Vorsitzende Richterin. Ja, jetzt ist er angezogen, sagte die Protokollantin, und das Gericht erschien erneut, stand auf, ließ Prozeßbeteiligte und Publikum aufstehen und gestattete dann, Platz zu nehmen. Danach wurde die Verhandlung fortgeführt.

Totem und Tabu

Otto Uhlitz[17] beschrieb das Dilemma wie folgt: »Die psychologischen Kenntnisse unserer Staatsanwälte und Richter entsprechen der Laienpsychologie des Mannes auf der Straße, sofern sich der einzelne nicht selbst in seiner Freizeit auf diesem Gebiet fortgebildet hat. Wissenschaftlich fundierte Kenntnisse vom Menschen werden von ihnen nicht verlangt.«

Ein Rekurs auf Freud, wenn es um die Erfassung von Ritualen im Strafprozeß geht, muß daher zunächst einmal in der »strafrechtlichen Praxis« auf Widerstand stoßen.

[17] Uhlitz, Otto, Psychoanalytische Kurse für Richter und Staatsanwälte, in: *Almanach 1971 des Heymann Verlages,* S. 90

Freud[18] hat der Aufrechterhaltung von Tabus in frühgeschichtlichen Gesellschaften die Funktion zugeordnet, ein Mindestmaß an Stabilität zu erhalten. Eine Verknüpfung mit den jeweiligen Machtstrukturen, mit gesellschaftlichen Machtzentren hat er hingegen noch nicht in den Mittelpunkt seiner Kulturbetrachtung gestellt.

Bei Lorenz[19] findet sich der Gedanke, daß ein Ritual zunächst einmal keine andere Funktion zu erfüllen hat, als den Einbruch des Chaos in die genormte Welt zu verhindern. Auf den Zusammenhang von anachronistischem Verhalten, von Ritual und Machterhalt hat der Psychodramatiker und Regisseur Augusto Boal hingewiesen.[20]

Zu einer seiner Theaterübungen zählt folgende Aufgabe:

Die Spieler teilen sich in zwei gleich große Gruppen. Eine Gruppe hat die Aufgabe, den Raum mit ihrem Einfluß, ihrer eigenen (Macht-)Struktur zu »besetzen«.

Die Spieler können nur durch die Aufstellung im Raum und durch Blickkontakt feste Strukturen schaffen. Die Spieler der zweiten Gruppe betreten jetzt wortlos, einzeln und in Zeitabständen von wenigen Minuten den Raum. Bei zahlreichen Übungen dieser Art konnte ich feststellen, daß die erste Gruppe das offene Viereck wählte, eine Struktur, die der Sitzordnung im Verhandlungssaal entspricht. Die Mitglieder der zweiten Gruppe waren verloren, wenn sie sich ins Viereck, an den Rand des Vierecks stellten, eine Gegenstruktur war so gut wie nicht zu entwickeln.

Die Teilnehmer dieser Übungen konnten nun am eige-

[18] Freud, Sigmund, *Totem und Tabu*, Frankfurt 1972

[19] Lorenz, Erich, Chaos und Ritus, in: *Imago 1931*, S. 494

[20] Boal, Augusto, *Theater der Unterdrückten*, Frankfurt 1989

nen Leib spüren, wie Setting, Ritual und Raumstruktur Macht stabilisieren bzw. erst hervorbringen konnten.[21]

Eine Chance zur Durchbrechung bestand nur darin, die vorgegebene Struktur in Frage zu stellen, also sich beispielsweise hinter die Akteure zu stellen oder einen Kreis im Viereck zu bilden. Allesamt Verhaltensweisen, die im Gerichtssaal die Konsequenzen eines »ungebührlichen Verhaltens« auslösen würden.

Der Theoretiker Boal faßt sein Verständnis vom Machtritual wie folgt zusammen: »So unerläßlich Verhaltensnormen für das Funktionieren einer Gesellschaft sind, so hemmend können sie sich auswirken, sobald sie nicht mehr den Bedürfnissen der Mitglieder der Gesellschaft entsprechen. Vorgeschriebene Verhaltensweisen, die uns an unserer freien Entfaltung hindern, die uns einengen, denen wir nur noch mechanisch, lustlos wenn nicht gar widerwillig nachkommen, erfüllen nicht selten eine repressive Funktion zur Erhaltung eines Systems.«[22]

Die Grundelemente des Verhaltens bestehen in Blicken, Gesten, Haltungen und sprachlichen Äußerungen. Inwieweit dieses Repertoire der menschlichen Ausdrucksformen hilft, »Zwischenfälle« zu vermeiden, hat Goffman in seinen soziologischen Essays über Interaktionsrituale untersucht.[23]

Das Aufstehritual fällt in die Kategorie der Ehrerbietungsrituale, diese wiederum lassen sich in zwei große Gruppen aufteilen:

21 vgl. Nix, Christoph, Theatralik der Justiz – Eine Fortbildungsreihe des Republikanischen Anwaltsvereins, in: *DuR* 1984, S. 330ff

22 Boal, Augusto, a. a. O., S. 124

23 Goffman, Ervin, *Interaktionsrituale,* Frankfurt 1992

– Vermeidungsrituale, die den Handelnden auf Distanz halten, z. B. durch einen räumlichen Abstand, die Erhöhung des Gerichts, den übergroßen Richtertisch;
– Zuvorkommenheitsrituale, durch die der Handelnde konkret seine Wertschätzung des Empfängers zum Ausdruck bringen soll. Unter die letzte Kategorie fällt das Aufstehen. Goffman[24] hat die Nichteinhaltung dieser Rituale auch als Formen der zeremoniellen Entweihung bezeichnet.

Wobei die Entweihungshandlung durchaus einen spielerischen Charakter haben kann. Die Reaktionen der Strafjustiz mit dem Ziel, die Einhaltung des Aufstehrituals mit dem Mittel des Ordnungsrechts durchzusetzen, machen deutlich, daß unser urbanisiertes, säkularisiertes Leben weitaus weniger areligiös ist, als wir denken. Die eingeforderte Würdebekundung des Gerichts zeigt, daß viele Götter abgeschafft, »aber der Mensch selbst hartnäckig als eine wichtige Gottheit bestehen« bleiben will.

»Er schreitet mit Würde einher und ist Empfänger vieler kleiner Opfer. Er achtet eifersüchtig auf die Anbetung, die ihm gebührt; wird er aber im richtigen Glauben angesprochen, dann ist er bereit, denen zu vergeben, die ihn beleidigt haben.«[25]

Fassen wir zusammen :
– Die kulturrebellischen Aktionen der Studentenbewegung, ihre Sensibilität gegenüber informellen Vorgängen, hat Rituale in Frage gestellt, vor allem im Strafprozeß.
– Für das Aufstehen von Angeklagten und Öffentlichkeit

[24] a. a. O., S. 94
[25] Goffman, a. a. O., S. 104

vor Gericht gibt es keine gesetzliche Grundlage. Die Berufung auf Gewohnheitsrecht ist vordemokratisch, die Hypostasierung des Begriffes der Ungebühr durch die »Würde des Gerichts« ist eher mystisch als klärend.
Die sitzungspolizeilichen Aufgaben haben ausschließlich eine Ordnungsfunktion, ihr Zweck liegt darin, die Durchführbarkeit einer Hauptverhandlung zu gewährleisten.

- Die Judikatur der 60er und 70er Jahre hat auf Normdurchbrechungen, die zeremoniellen Entweihungen hilflos und daher repressiv reagiert.
- Aufgabe der forensischen Seelenkunde könnte es sein, weiterhin das Irrationale und das Machtbesessene am strafenden Ensemble aufzudecken und bei der Auflösung scheinbar unauflösbarer Interaktionen im Prozeß behilflich zu sein. Das geht über das traditionelle Verständnis von forensischer Psychiatrie freilich weit hinaus.

Es ist Systemkritik.

Rasch hat mit seinen Arbeiten über die »sensorische Deprivation« bei Internierten in Gefängnis und Psychiatrie ein ganzes System in Frage gestellt: das isolierende Gefängnissystem.[26] Er hat sozusagen die wissenschaftliche Grundlage für eine Legitimationskrise geschaffen. Das ging über ein traditionelles Verständnis der forensischen Psychiatrie weit hinaus.

26 Rasch, Wilfried, Die Gestaltung der Haftbedingungen für politisch motivierte Täter in der Bundesrepublik Deutschland, *Monatsschrift für Kriminologie 59*, S. 61-69

Der Philosoph als Detektiv – eine criminogene Collage

I. Haltung und Gehaltenwerden

Von dem Volksschauspieler Willi Millowitsch wird erzählt, er habe sich Mitte der 70er Jahre in einem Aufruf für menschlichere Haftbedingungen von Frau Ulrike Meinhof engagiert. Als er, der Unpolitische, der »kölsche Bub«, von der Regenbogenpresse daraufhin attackiert wurde, erklärte er, er wisse nicht, aufgrund welcher Beweise Frau Meinhof überführt worden sei, er wisse aber, daß es auch Justizirrtümer gebe. Unabhängig von diesem Wissen müsse man einem Menschen beistehen, wenn er in Bedrängnis sei.

Später hat Millowitsch, vielleicht, weil er dem Druck der Regenbogenpresse nicht standhalten konnte, seine Unterschrift unter dem Aufruf zurückgezogen.

Sehr viel später, vor kurzem also, sah ich den über 80jährigen in einer Fernsehrolle. Er spielte einen pensionierten Kommissar, der einer jungen Frau beistehen wollte, obwohl deren Rolle nicht ganz durchschaubar war: War sie Geisel oder Gehilfin, war sie Opfer oder Täterin? War sie gar beides in unterschiedlichen Rollen, zu unterschiedlichen Zeiten?

Willi Millowitsch ist einem seiner Lebensthemen treu geblieben: Wenn ein Mensch in Bedrängnis ist, so muß man ihm beistehen, und beistehen bedeutet, an der Aufklärung mitzuwirken, wenn es den Bedrängten entlastet. Am

Schluß des Films hielt Millowitsch die angeschossene junge Frau in den Armen und hatte doch genug Schwierigkeiten, selber noch auf seinen Beinen stehen zu können: Haltung und Gehaltenwerden.

Willi Millowitsch reihte sich damit ein in die Schar von Detektiven, die sich dem Motto des Kommissars Maigret verpflichtet fühlen: »Wir verurteilen nicht, wir versuchen zu verstehen.«[1]

Neben dieser Haltung zeichnet sich der Kreis von Detektiven, der uns hier beschäftigt, noch durch ein zweites, ein besonderes Verhältnis zu anderen Menschen aus: Sie sind Lehrer und Schüler, Kommissar und Assistent zugleich. Betrachten wir einen kurzen Dialog zwischen dem Sergeant und dem Comissaris, Figuren des Kriminalschriftstellers van de Wetering:

Sergeant, flüsterte Drachtsma.

Bitte?

Versuchen Sie nie, gewinnen zu wollen. Gewinnen wollen ist kindisch. Sie sind noch jung. Sie können noch eine Menge verlernen.

Ja, Herr Drachtsma, sagte de Gier.[2]

Er wollte wissen, schreibt der Religionsphilosoph Adolf Holl[3] über van de Wetering, ob das Leben einen Sinn hat. Zuletzt landete er in Japan und bat um Aufnahme in ein

[1] Simenon, Georges, *Maigret fährt zur Kur*, Zürich 1990, S. 27.

[2] zitiert nach Holl, Adolf, *Religionen*, Frankfurt/M., Berlin 1989, S. 124. Holl hat Janwillem van de Wetering als eine alarmierte Seele bezeichnet.

[3] Holl, a. a. O.

Zen-Kloster. 18 Monate hindurch unterzog er sich der strengen Disziplin der Mönche, 6 bis 8 Stunden Meditation täglich.

Der hier zitierte Dialog enthält ein Wort, das uns interessiert: Verlernen.

Das Wort wäre dem Autor nicht eingefallen, wenn er sich nicht selbst mit dem Zen-Buddhismus auseinandergesetzt hätte. Im Zen, so sagen manche, gleicht die Sitzhaltung dem aufrechten Gang.

II. Du kennst meine Methode: Deduktion und Abduktion

Der von dem Arzt Sir Arthur Conan Doyle geschaffene Sherlock Holmes gilt als der erste Praktiker der wissenschaftlichen Verbrechensaufklärung. Holmes ist der Erfinder der kriminalistischen Wissenschaft, der Meister der Deduktion.

Die Gedankenschritte, die Holmes in seinen Kriminalfällen vollzieht, bedeuten im Grunde nichts anderes, als von einem zunächst akzeptierten auf einen unerwarteten, keineswegs zwingenden Sachverhalt zu schließen. Charles S. Peirce beschreibt diesen Vorgang auch als eine Retroduktion, die ihren Ausgang bei einer unerwarteten Anomalie nimmt und zu einem Gefüge von Prämissen gelangt, die gewissermaßen bereits als erwiesen gelten. Peirce, dessen Entdeckung im europäischen Raum als Methodiker, Philosoph und Naturwissenschaftler noch aussteht, einer der Väter der Semiotik, war selbst ein Gelegenheitsdetektiv.

Ohne Peirce sogleich ins Reich des Metaphysischen abdrängen zu müssen, gibt er uns eine Erklärung an die Hand, die die Intuition des Detektivs, wie jedes philosophischen Forschers, in das methodische System von Retroduktion und Abduktion einfügen läßt:

»Es liegt auf der Hand, daß dann, wenn der Mensch kein inneres Licht hätte, das dazu führt, daß seine Annahmen wesentlich häufiger zutreffen, als es durch reinen Zufall sein könnte, die menschliche Rasse schon vor langer Zeit aufgrund ihrer offensichtlichen Unfähigkeit im Existenzkampf ausgelöscht worden wäre.«[4]

Peirce ist es auch, der auf das Vorverständnis oder das Vorurteil in sehr klarer und entdramatisierender Weise aufmerksam macht. So behauptet er, daß die verschiedenen Elemente einer Hypothese sich schon bereits in unserem Verstande aufhalten, bevor sie uns bewußt werden, bevor wir beginnen, sie zu vertreten. Er beschreibt die Bildung einer Hypothese als einen Akt der Einsicht, der abduktiven Vermutung, die uns wie ein Blitz trifft. Der einzige Unterschied zwischen einem Wahrnehmungsurteil und einem abduktiven Schluß besteht ihm zufolge darin, daß ersterer anders als letzterer der logischen Kritik nicht zugänglich ist.[5]

Die detektivistische Intuition wie die philosophische Hypothesenbildung begegnet uns aus der Perspektive von Peirce als eine Grenzerfahrung, gar eine Grenzwissen-

[4] Peirce, Charles S., *Collected Papers of Charles Sanders Peirce*, hg. v. Charles Hartsorne, Cambridge 1958, S. 692. Insbesondere aber: Sebeok, Thomas/Umiker-Sebeok, Jane, *Du kennst meine Methode.* Frankfurt 1982

[5] Diese Interpretation entnehme ich Sebeok/Umiker-Sebeok, S. 37

schaft: il lume naturale. Knapp einhundert Jahre später schreibt ein junger Mann einen Brief an Sigmund Freud. Der Brief kommt aus Kasan, irgendwo in der neuen Sowjetrepublik. Alexander Lurija formuliert dort seine Axiome einer »romantischen Wissenschaft«.[6] Rekonstruktionen, die einem exemplarisch ein dramatisches Geschehen nahebringen, bilden den Kulminationspunkt der romantischen, detektivistischen Wissenschaft.

III. Von Ohrläppchen und anderen Zeichen

Unter dem Pseudonym Lermolieff veröffentlichte der italienische Arzt Giovanni Morelli um 1875 eine Reihe von Aufsätzen über seine Methode zur Identifizierung von Autoren unbekannter antiker Bilder. Morelli, der für allerlei Aufsehen sorgte, vertrat die These, man dürfe bei den Bildern unbekannter oder mit Synonymen signierter Werke nicht auf die »auffälligen und daher leicht kopierbaren Merkmale der Bilder sich stützen, (sondern) mehr die Details untersuchen, denen der Künstler weniger Aufmerksamkeit schenkt ...«[7]

So rücken Ohrläppchen, Hände, Finger und Fingernägel, deren Formen und Verformungen in den Mittelpunkt der Betrachtungen, gering geschätzte oder wenig beachtete Details aus dem großen Entwurf des künstlerischen Bildes.

Freud muß Morelli gelesen haben, lange bevor er den

[6] Lurija, Alexander, *Romantische Wissenschaft.* Forschungen im Grenzbezirk von Seele und Gehirn. Reinbek 1993. Vgl. meine Besprechung in: *Psyche 1995,* S. 1110f

[7] Ginzburg, Carlo, *Spurensicherungen,* München 1988, S. 79

»Moses des Michelangelo« (1914) geschrieben hat. Diese Recherche entstammt der Spurensicherung Carlo Ginzburgs, der uns auf eine Passage über Freud aufmerksam macht:

»Lange bevor ich etwas von der Psychoanalyse hören konnte, erfuhr ich, daß ein russischer Kunstkenner, Ivan Lermolieff, dessen erste Aufsätze 1874 bis 1876 in deutscher Sprache veröffentlicht wurden, eine Umwälzung in den Galerien Europas hervorgerufen hatte, indem er die Zuteilung vieler Bilder an die einzelnen Maler revidierte, Kopien vom Original mit Sicherheit unterscheiden lehrte und aus den von ihren früheren Bezeichnungen frei gewordenen Werken neue Künstlerindividualitäten konstruierte.«

Morelli warnte davor, sich vom Gesamteindruck blenden zu lassen, und wies auf die Charakteristika der untergeordneten Details hin, auf »Kleinigkeiten wie die Bildung der Fingernägel, der Ohrläppchen, des Heiligenscheins und anderer unbeachteter Dinge, die der Copist nachzuahmen vernachlässigt und jedoch jeder Künster in einer ihn kennzeichnenden Weise ausführt. ... Ich glaube, sein Verfahren ist mit der Technik der ärztlichen Psychoanalyse nahe verwandt. Auch diese ist gewöhnt, aus gering geschätzten oder nicht beobachteten Zügen, aus dem Abhub ... der Beobachtung Geheimes und Verborgenes zu erraten.«[8]

Aber welches Verfahren, welche Methode meint der Meister, wovon spricht er? Von derselben Methode, die auch

[8] Freud, Sigmund, *Gesammelte Werke,* Band 10, Frankfurt 1967, S. 185

die ureigenste Methode des Detektivs ist: die Dechiffrierung und Zuordnung von Indizien in eine Gesamttopographie.

IV. Zurück zu Holmes

Der Fall vom unheimlichen Paket »beginnt mit zwei abgeschnittenen Ohren«, die einer unschuldigen Frau per Post zugeschickt werden:

»Holmes hielt mitten im Satz inne und Watson war höchst überrascht zu sehen, daß er mit intensivem Interesse das Profil der Dame studierte. Erstaunen und dann Befriedigung zeigten sich einen Ausblick lang auf seinem Gesicht, doch als auch sie sich ihm zuwandte, um den Grund für sein plötzliches Verstummen festzustellen, waren seine Züge wieder unbewegt wie immer. Etwas später erklärt Holmes seinem Freund Watson den Ablauf seiner blitzschnellen Grübelarbeit:

›Als Mediziner weißt Du ja Watson, daß es kaum einen Körperteil gibt, der so individuell ausfällt wie das menschliche Ohr. In der Regel ist jedes Ohr anders und unterscheidet sich somit von allen übrigen ...‹«[9]

Die Bedeutungen, die Freud den Symptomen, Holmes den Indizien und Morelli den malerischen Details zurechnet, sind für Ginzburg nicht schlichte geographische Übereinstimmungen, gar zufällige methodische Begegnung, vielmehr: »Gegen Ende des 19. Jahrhunderts ... begann sich in den Humanwissenschaften ein Indizienparadigma durch-

[9] zitiert nach Sebeok, a. a. O.

zusetzen, das sich eben auf die Semiotik stützte. Seine Wurzeln aber reichen sehr viel weiter zurück.«[10]

V. *Indizien und andere Anzeichen*

Das Indizienparadigma hat sicherlich seine Setzung schon in der Geschichte der spurensuchenden Jäger, für die Tierkot, Federn, Treibholz, abgebrochene Zweige oder Haare eine lebensnotwendige Interpretationsgrundlage waren, um den Verbleib und den Zustand des gejagten Tieres zu orten.

Die Institutionalisierung des Indizienparadigmas setzte in der Entwicklung der Strafrechtsgeschichte bereits um die Mitte des 18. Jahrhunderts ein. Das Indizienverfahren existierte vorher gar nicht. Die Tat, Zeugen und das Geständnis, die regina probationis waren hier die Mittel, die der Überführung dienten. »Da mehrere Tatzeugen sehr selten zur Hand waren, wurde, um die regina probationis erscheinen zu lassen, die Folter eingesetzt, und ihre peinliche Frage war die einzig raffinierte in Karls V. Heilsgerichtsordnung. Damit der Inkulpat durch Schmerz ›unvorsichtig‹ gemacht werde und so Dinge sage, mit zerrissenem Lügennetz, kraft ebenso zerrissener Glieder, die außer dem Täter und dem Richter niemand wissen konnte. Der Effekt war jene unausdenkliche Grausamkeit, wertlose Schulderpressung, gegen die sich die Aufklärung aus menschlichen wie logischen Gründen wandte.

Seitdem also sind Indizien nötig und müssen herbeige-

[10] Ginzburg, a.a.O., Seite 87

bracht werden; auf ihnen basiert in den allermeisten Fällen die Beweisaufnahme vor Geschworenen und Gericht.«[11]

Sehen wir einmal von der scholastischen Logik eines William von Baskerville ab[12], so kann die polizeiwissenschaftliche und literarisch dargestellte Detektivarbeit nicht älter sein als das Indizienverfahren selbst.

Dabei ist ein Indiz natürlich etwas, das trügen kann – in der Justizgeschichte führte es bis zum Justizmord –, in der Deutung der Humanwissenschaft ist es immer wieder als »Erfahrungswissen« auf seine empirische Überprüfbarkeit angewiesen.

An der Frage dieser Überprüfbarkeit krankt das Medium des (deutschen) Strafprozesses. So gilt gemäß § 261 StPO die Maxime der freien Beweiswürdigung.

Ein Strafgericht entscheidet über das Ergebnis der Beweisaufnahme nach seinem freien, aus dem Inbegriff der Verhandlung geschöpften Überzeugungsbild.

Freilich müssen gemäß § 267 StPO in den Urteilsgründen die für erwiesen erachteten Tatsachen angegeben werden. Aber wie ist das mit dem Indizienbeweis. Sämtliche Autoren und Strafgerichte halten den Indizienbeweis, als den in-

[11] Bloch, Ernst, *Philosophische Ansicht des Detektivromans,* Gesamtausgabe Band 9, Frankfurt 1965, S. 244

[12] Umberto Eco hat sich hier, ganz zu Beginn seiner Geschichte über den Namen der Rose, in der der Mönch mit einer Deutung über das Aussehen eines entlaufenen Pferdes brilliert, auf ein hebräisches und türkisches Märchen gestützt. Die Geschichte von den drei Brüdern und vom entlaufenen Kamel findet sich bei Alexander Wesselofsky, Eine Märchengruppe, in: *Archiv für Slawische Philologie, 1986,* 308ff

direkten Beweis, für unentbehrlich. Peters[13] hat zwar nie nachgelassen, vor der Anwendung des Indizienbeweises zu warnen, aber auch er konnte sich nur schwer dazu durchringen, daß § 267 Abs. 1 Satz 2 StPO mehr als eine Sollvorschrift ist.

Dieser Satz lautet: »Soweit der Beweis aus anderen Tatsachen gefolgert wird, sollen auch diese Tatsachen angegeben werden.«

Der Bundesgerichtshof[14] hat bis dahin grundsätzlich vertreten, es handele sich lediglich um eine Ordnungsvorschrift, die für den urteilenden Richter kein Muß sein sollte. Dem Richter war damit eröffnet, Indizien dem Tatsachenbeweis gleichzustellen, ohne retroduktiv nachvollziehen zu können, wie er zu diesen Indizien gelangt war. Der Indizienprozeß ist aber die Grundlage für das Fehlurteil, welches in vielen Fällen erst den Justizskandal hervorbringt.

VI. Der Fall Sofri

Am 2. Mai 1990 verurteilte ein Mailänder Schwurgericht Adriano Sofri und zwei angebliche Mittäter zu 22 Jahren Haft. Der Kronzeuge und sich selbst belastende Leonardo Marino erhielt eine Haftstrafe von 11 Jahren.

Carlo Ginzburg, der uns hier bereits als Methodiker und

[13] Peters, Karl, *Strafprozeß* 4. Auflage, Heidelberg 1985, S. 295
[14] Band 12, S. 315ff

Freund der Semiotik begegnet ist, hat als Historiker über diesen Prozeß berichtet.[15]

Die Geschichte selbst ist rasch erzählt.

Am 12. März explodierte in Mailand in der Banca di Agricoltura eine Bombe. 17 Menschen wurden getötet und 88 schwer verletzt. Der polizeilichen Version zufolge handelte es sich um eine Aktion der Linken, die daraufhin von der kulturrevolutionären Offensive in die Kriminalität abgedrängt wurde. Zwei Tage nach dem Attentat wurde der Anarchist Valpreda festgenommen, drei Tage später stürzte der anarchistische Eisenbahnarbeiter Pinelli aus dem im 4. Stock gelegenen Verhörzimmer des Kommissars Luigi Calabresi. Die polizeilichen Erklärungen waren verräterisch und peinlich zugleich. Pinelli habe sich beim Rauchen zu weit aus dem Fenster gelehnt und sei hierbei gestürzt. Der Fall stieß angesichts des Bombenanschlags auf wenig Interesse in der italienischen Öffentlichkeit. Einzig die linksradikale Organisation *Lotta Continua* griff das Thema auf und beschuldigte die Polizei des Mordes an Pinelli.

Am 17. Mai 1972 wurde Luigi Calabresi von unbekannten Tätern erschossen, der erste politische Mord in der italienischen Nachkriegsgeschichte. In der Tageszeitung der *Lotta Continua* wurde dieser Mord als ein notwendiger Akt politischer Gerechtigkeit dargestellt, keine Trauer, aber auch keine darüber hinausgehende Rechtfertigung erfolgte. 16 Jahre später wurden die Exponenten der *Lotta Continua* von ihrer Geschichte eingeholt. Ein Crêpes-Verkäufer mit Namen Leonardo Marino, ehemals Mitglied der *Lotta Continua,* bezichtigte sich selbst, Sofri, Giorgio Pietro,

[15] Ginzburg, Carlo, *Der Richter und der Historiker,* Berlin 1991

Stephani Ovidio, der Tat. Sofri war zwischenzeitlich Dozent an der Kunsthochschule in Florenz, Marino vom proletarischen Gefährten zum enttäuschten Underdog geworden. Die Angeklagten wurden verurteilt, und in der zweiten Instanz, am 12. Juli 1991, wurde das Urteil des Schwurgerichts vom Mailänder Revisionsgericht bestätigt. Sofri wurde allein gelassen. Hatten noch im Jahre 1971 50 Intellektuelle, darunter Natalia Ginzburg, Umberto Eco und Salvatore Samperi, sich für die *Lotta Continua* engagiert, so schwieg oder distanzierte sich eine jetzt etablierte Crew der italienischen Intellektuellen. Eco schwieg. Und Samperi leugnete, überhaupt einen Aufruf unterschrieben zu haben. Ginzburg untersucht diesen Mailänder Prozeß. Er tut es als Freund von Sofri, er tut es auch als Historiker, mit den Mitteln des Historikers, die der Logik der Indizienfindung eines Gerichts auf die Finger sehen. Mag sich in der Person von Marino noch einmal die ganze proletarische Wut eines Verlierers gegen die intellektuellen Weggefährten richten, mag Marino im Grunde von großer Liebe gegenüber Sofri gezeichnet sein, da er seinen eigenen Sohn nach Sofri benannte, so führt die sozialpsychologische Betrachtung dieses Prozesses allein noch nicht zum notwendigen prozessualen Zweifel. Der Historiker Ginzburg verweist auf ein Dokument aus dem Kreis der römischen Kongregation des heiligen Offiziums. Danach sollten die Richter durch sorgfältige richterliche Erkundungen jede Aussage der Angeklagten überprüfen; wenn möglich Beweisstücke ausfindig machen; nachweisen, daß Heilungen oder Krankheiten nicht auf natürliche Ursachen zurückzuführen waren.

Auch im Fall Sofri war der Kronzeuge zugleich einer der

Mitangeklagten, mithin hätte es einer gesteigerten Prüfung durch die Richter bedurft, was die Glaubwürdigkeit Sofris anging. Der Prozeßbeobachter Ginzburg tut das mit großer Akribie. Er tut es mit der Fähigkeit des Historikers, der über Fälle und Personen berichten kann, er sieht seine Grenze darin, daß er allenfalls mit dem Kriterium einer demokratischen Strafprozeßmaxime den Zweifel an der Urteilsversion herausarbeiten muß. Auf der justiziellen Ebene wird Ginzburg zu den Verlierern gehören, so wie Sofri auch. Die Revision ist nicht bereit, einen Justizirrtum aufzuheben, Ginzburg bleibt ungehört. Bezüglich der Detailanalyse kann ich selbst nur auf Ginzburgs Buch an dieser Stelle verweisen. Was seine Rolle als Detektiv angeht, so war und ist sie darauf beschränkt, Materialarbeit zu leisten, zu strukturieren, lesbar zu machen, kritische Öffentlichkeit zu konstituieren, damit der Grundsatz in dubio pro reo, wonach ein Angeklagter nur dann verurteilt werden kann, wenn man sich seiner Schuld absolut sicher ist, weiterhin demokratische Prozeßmaxime bleibt. Der Fall Sofri aber braucht eine Öffentlichkeit innerhalb des demokratischen Europas.

VII. Die Vergangenheit, die nicht endete

Zola im Fall Dreyfus, Ginzburg im Fall Sofri und Sonnemann im Mordfall Vera Brühne haben sich als kritische Wissenschaftler im Gegensatz zu zahlreichen Kollegen hinabbegeben in criminogene Verhältnisse, in den Schmutz der Straße, in die niedere Realität gesellschaftlicher Machtverhältnisse.

Wer sich aber als Literat und Historiker, als Philosoph

und Logist in den Trenchcoat wirft, läuft Gefahr, abgedrängt zu werden, wenn nicht des Nachts von der Autobahn, so zumindest aus dem herrschenden Diskurs.

Auch der Justizskandal, dem sich Ulrich Sonnemann widmete, muß noch einmal erzählt werden.

Am 19. April 1960, dem Dienstag nach Ostern, werden Dr. Otto Praun und seine Haushälterin, die einstmals auch seine Geliebte war, in einer Villa in Pöcking am Starnberger See erschossen aufgefunden. Die Polizei untersucht die Leichen nur oberflächlich, die Beamten trinken Cognac aus auf dem Tisch stehenden Gläsern, vernichten, unterdrükken oder verschlampen Beweise und rekonstruieren folgenden Tathergang:

Der Arzt Otto Praun sei aus seiner Praxis in München nach Hause gekommen, habe aus unbekannten Motiven heraus Frau Kloo in der Kellerbar erschossen und sich daraufhin das Leben genommen.

Bei der Testamentseröffnung von Praun stellt sich heraus, daß der Sohn, Günter Praun, nicht als Alleinerbe eingesetzt wurde, vielmehr auch Vera Brühne, die aktuelle Geliebte von Praun senior, ein Haus an der Costa Brava erben sollte. Der junge Herr Praun erstattet Strafanzeige gegen Unbekannt. Seine These, daß sein Vater ermordet wurde, wird nach der Exhumierung belegt. Aufgesetzter Genickschuß lautet jetzt der Befund, und es erscheint einem heute, als habe der Befund am Leichnam Andreas Baaders ein historisches Vorspiel gehabt.

Gegen Vera Brühne setzt eine moderne Hexenjagd ein. Beteiligt ist die deutsche Regenbogenpresse, einer der Protagonisten ist der Chefredakteur der »Quick«, ein Mann, der im Sold des Bundesnachrichtendienstes steht und später mit Hans Magnus Enzensberger die Zeitschrift »Transatlantik« herausgeben wird. Vera Brühne und Johann Fehrbach, ein Freund, den sie 1945 als Deserteur auf dem Dachboden versteckte, werden in einem beispiellosen Indizienprozeß am 4. Juni 1962 zu einer lebenslangen Zuchthausstrafe verurteilt.

Fehrbach stirbt nach sieben Jahren in der Haft, und Vera Brühne wird nach 19 Jahren begnadigt.

»Die Indizien wurden so gedreht, daß die beiden als Täter verurteilt werden konnten. Zwar hatten Vera Brühne und Johann Ferbach für den bisher angenommenen Todestag ein Alibi, auch für den Tag zuvor, doch es gelang dem Gericht auf merkwürdige Art und Weise, die Todeszeit vorzuverlegen auf Gründonnerstag, um 19.45 Uhr. Zu dieser Zeit hatten Vera Brühne und Johann Ferbach nur sich selbst als Entlastungszeugen. Nun gab es zwar noch keinen Beweis für die Täterschaft... doch es fand sich ein Kronzeuge, dem angeblich Johann Ferbach in der Gefängniszelle den Mord gestanden haben soll.«[16]

Der Zeuge Schramm war nachweislich ein Betrüger und Berufsdenunziant. Später, im Jahre 1968, erklärte der Agent des BND Roger Hentges auch gegenüber der *Spiegel*-Redaktion, er, der Generaloberst Repening und ein Oberstleutnant Schröder seien am Gründonnerstag 1960 von Frankfurt nach Pöcking gefahren, um mit Dr. Praun zu reden. Mit Praun, der ebenfalls für den BND gearbeitet habe, habe es Geldschwierigkeiten gegeben. In Pöcking seien dann die tödlichen Schüsse gefallen.

Hentges lebt noch in der Eifel, manchmal bekommt er

[16] Ulrich Wickert, Von Dreyfus bis Brühne, in: Sonnemann, Ulrich, *Der mißhandelte Rechtsstaat*, Köln 1977, S. 85

Besuch von einem Regierungsdirektor aus München. Hentges hat Angst, aber er verfügt über gesichertes Wissen, wer Schröder wirklich ist, hat er bei einem Notar hinterlegt.

Sonnemann hat 1970 in einer so brillianten Detailanalyse über den Beweiswert eines blauen Briefes, dreier Cognacgläser und der Schußkanäle im Körper der Toten nachgewiesen, wie durch Herrschaftswissen Indizienbeweise zu Direktbeweisen umgedeutet werden.

»Daß nicht sein kann, was nicht sein darf, erschwert für deutsche Indizienurteile, die es allerdings gibt, die Einbürgerung ihres Denkgesetzes.«[17]

Am 23. März 1970 stellte der bayerische Bundestagsabgeordnete Franz Josef Strauß Strafantrag gegen Ulrich Sonnemann. Strauß und der bayerische Justizminister Philipp Held beantragten die Beschlagnahme des Buches, und zwei Wochen nach der Erstauslieferung wurde der bundesdeutsche *»Dreyfusskandal«* in den Buchläden der ganzen Bundesrepublik sichergestellt. Mehr noch: Die Wohnung von Ulrich Sonnemann und seiner Frau Brigitte wurde von Polizeibeamten durchsucht. Was sie freilich nicht wußten, und er scheinbar selbst nicht mehr, war, daß sein damaliges Manuskript in eben der Couch verborgen war, auf der er während der Durchsuchung saß.

Sonnemann hatte ein Tabu gebrochen. Er hat das Thema der Justizaffäre Brühne/Fehrbach beim Namen genannt. Er hatte sich hinab- oder auch hinaufbegeben, in den Zu-

[17] Sonnemann, Ulrich, Hrsg., *Die Vergangenheit, die nicht endete.* Machtrausch, Geschäft und Verfassungsverrat im Justizskandal Brühne/Fehrbach, Gießen 1985, S. 80

sammenhang von Politik und Verbrechen, dort, wo zusammenfindet, was von Anbeginn zusammengehört.

Sonnemanns Theorie, Vera Brühne sei ungewollt zum Spielball der großen Politik geworden, und die Aussagen des BND-Agenten Hentges, Strauß sei über die Geschehnisse um Praun informiert gewesen, fanden eine grausame Bestätigung.

Hentges wurde nicht nur massiv unter Druck gesetzt. Zwei seiner Mitarbeiter wurden tot aufgefunden. Kunz lag auf dem Feldberg und war angeblich beim Bergsteigen verunglückt. Reutter fand man vergiftet über einer Mandelbrennmaschine liegend. Die Staatsanwaltschaft diagnostizierte Freitod. Ulrich Sonnemann blieb hartnäckig, nicht nur in der Methode der Erkenntnisgewinnung, auch in der praktischen, politischen und literarischen Aktion. Die Neuherausgabe eines Bandes[18] erfolgte im Jahr 1985, über seinen Inhalt debattierte man auch im Deutschen Bundestag[19], und am 6. Februar 1986[20] beantragte Dr. hc. Franz Josef Strauß die Verhängung einer Ordnungsstrafe gegen Ulrich Sonnemann. Vorbei am Bundesverfassungsgericht bis hin zur Menschenrechtskommission prüfte man selbstverständlich die Affäre nicht mehr materiell, also inhaltlich. Die Verhängung des Ordnungsgeldes durch das Landgericht München betrug DM 15 000,–.

So blieben der Detektiv Sonnemann und seine Assisten-

[18] Sonnemann, a. a. O.

[19] auf Anfrage des SPD-Abgeordneten Pauli

[20] Aktenzeichen 10 O 170/70, LG München I.

ten, zugleich Mitautoren, von der kritischen Öffentlichkeit der Bundesrepublik allein gelassen.

Bereits 1970 findet sich in Sonnemanns Werk über die Vergangenheit, die nicht endet, ein Hinweis, der aus der Rückschau betrachtet ängstigend wirkt. Die These, daß Praun BND-Agent war und schon lange Waffenlieferungen nach Israel und in arabische Länder gefördert und unterstützt haben sollte, wurde belegt durch Hentges und einen weiteren Zeugen, der den Namen Brandes trug. Brandes war kein geringerer als der damalige Geschäftsführer einer der großen Waffenhandelsfirmen (Fritz Werner AG) in Berlin und Geisenheim. Sonnemanns Vorahnungen waren weniger prophetisch, als deduktiv antizipatorisch, wenn er die Gefährdung der Existenz des Herrn Brandes als sehr hoch einschätzte.

So heißt es in seinem damaligen Buch: »So bleibt jetzt nur noch ein Zeuge mit Namen Hans Brandes, der mit Hentges damals im selben Büro zusammenarbeitete und dessen deutsche und französische Telefongespräche, darunter auch mit Praun, häufig mithörte. Inzwischen wird seine Lebenserwartung, wie es in der menschlichen Natur liegt, nicht größer. Schon jetzt befindet er sich in einem Sanatorium.«[21]

Schlimmer noch: Hans Brandes starb am 20. April 1971 in der Nähe von Pullach bei München. Er wurde vergiftet in seinem Pkw aufgefunden. Vorher aber hatte er noch in einem Memorandum und in mehreren Erklärungen einiges über die Hintergründe des Falles Vera Brühne und die Waf-

[21] Sonnemann, *Die Vergangenheit*, S. 87

fengeschäfte des BND aufzuklären gehabt. Sonnemann und wir Mitautoren haben vor vielen Jahren über all dies berichtet.

Wir werden täglich bestätigt durch die aktuellen Waffengeschäfte des BND mit Israel und mit dem Irak, es gibt sie seit den 50er Jahren, und seit über 10 Jahren haben wir davon berichtet.

Aber Privatdetektive sind Verlierer. Verfallen sie nicht dem Alkohol wie Maigret und Marlowe, so suchen sie sich gezwungenermaßen einen Nebenjob. Manchmal haben sie Glück und finden sogar eine Hochschullehrerstelle, dann arbeiten sie weiter, im Schutz des Artikel 5 Absatz 3 Grundgesetz. Aber ihre Passion, die »Detektei gegen den autoritären Staat«, können sie dennoch nicht aufgeben. Dies scheint eher eine Frage des Suchtverhaltens als eine der Moral zu sein. Im Fall Brühne blieb unsere Recherche folgenlos. Folgen hatte es allenfalls für die Rechercheure. Während meiner Forschungen über den Verbleib eines Tagebuches des Generaloberst Repening traf ich in der Wohnung von Brigitte Heinrichs, ehemals Präsidentin des Frankfurter Studentenparlaments und später im Verdacht, die Stasi über den Zustand der westdeutschen Linken informiert zu haben, auf die Journalistin Dr. Gabi Weber. Ich vertraute und übergab ihr mein gesammeltes Recherchematerial. Ohne auf Verträge wert zu legen, sollte sie dem Lobbyisten Großkopg hinterherspionieren, mit den Waffen einer Frau dort ermitteln, wo ich nicht weiterkam. Später hat Frau Weber das ganze Material dem *Stern* übergeben, verkauft für eine Summe, die ich nicht kenne. Gaby Weber schreibt gelegentlich in der *Tageszeitung*, sie ist Spezialistin für Tupamaros.

»Kein Grund zur Resignation«, murmelte Kommissar S., »dann stecken wir den Bericht in ein angemietetes Schließfach und holen ihn bei entsprechender Gelegenheit wieder hervor.«

Selbstverständlich ist Ulrich Sonnemann kein Prophet. Aber für seine Fähigkeit der Voraussicht finden sich durchaus methodische und nicht-metaphysische Erklärungen bei Ginzburg: »Die Analyse dieses Paradigmas – das faktisch sehr wirksam ist, nie aber ausdrücklich theoretisiert wurde – könnte vielleicht dazu beitragen, aus dem Dilemma der seichten Gegenüberstellung von Rationalismus und Irrationalismus herauszukommen ... Man kann hier von einem Indizien- oder Wahrsageparadigma sprechen, das sich – je nach der Form des Wissens – auf die Vergangenheit, die Gegenwart oder die Zukunft bezog: auf die Zukunft die eigentliche Wahrsagung; auf die Zukunft, die Gegenwart und Vergangenheit die medizinische Semiotik mit ihrem doppelten Gesicht, dem der Diagnostik und dem der Prognostik; auf die Vergangenheit bezogen die Rechtswissenschaft.«[22]

Da erscheint uns das Indizienparadigma mehr als nur die literarisierte Methode des Detektivs zu sein, sie ist zur Methode der Erkenntniswissenschaft geworden.

[22] Ginzburg, a. a. O., S. 91

VIII. Menhire-Steinzeichen aus Atlantis?

Ich fahre mit dem alten Mann durch die Bretagne. Wir haben eine Landkarte. Wir suchen die Ortschaft »Penmahr«. Das heißt so viel wie *»Pferdekopf«*, sagt er. Aber wir finden keine Menhire. Dabei sind sie auf der Landkarte eingezeichnet. Wir finden ein Café und dort gibt es Hunderte von Postkarten mit Steinfeldern darauf. Tausende von Touristen können Zeugnis über die Menhirfelder ablegen. Menhire sind keltischen Ursprungs. Er zweifelt.

Auf unserer Autofahrt finden wir ein kleines Museum, gezeigt werden keltische Kulturgegenstände.

»Die Menhire sind viel älter als die Kelten«, belehrt uns der Museumsdirektor.

»Siehst du, wir sind auf der richtigen Spur.«

Ich verstehe ihn immer noch nicht.

Die Menhire sind ein Indiz für die Existenz von Atlantis, behauptet er. Ich zweifle nicht, daß wir irgendwann Menhire finden, aber daran, daß sie aus Atlantis stammen oder von den Atlantiden errichtet wurden. Ich kenne nur den Donovan-Song über Atlantis, einen Mythos, aber daß da einer wie er ernsthaft eine Atlantis-Theorie verfolgt, gar noch nach Atlantis sucht, kann ich nicht glauben.

So habe ich auch Zweifel an Platon[23], der »als Mythenproduzent solche ausgeheckt hat, um vielleicht irgendwelche Thesen zu veranschaulichen oder Utopien vorzufüh-

[23] »Vernimm denn, O Sokrates, eine gar unglaubliche, aber durchaus in der Wahrheit begründete Rede ...« (Tim. 20d). Vergleiche auch Pischel, B., *Die atlantische Lehre*, Frankfurt/Bern 1982

ren, die er mittels der Simulation eines Berichts konstruktiv entfaltet«.[24]

Als Detektiv braucht man handfeste Beweise, denke ich.[25]

»Watson, ich werde Sie rausschmeißen«, höre ich den Meister rufen. Sie haben den Unterschied zwischen einer strafprozessualen Beweisführung und der detektivistischen Phantasie nicht verstanden. Wir suchen keinen Mörder, nur ein verschollenes Eiland.

Aber Watson läß sich nicht so einfach abservieren. Das Schiff der Atlantisexkursion ist längst unterwegs, und Watson hat sich einen Kabinenplatz reservieren lassen.

Unter welchem Motto diese Reise nach Atlantis und die Suche der detektivistischen Kapitäne steht, haben Kamper und Sonnemann[26] formuliert. »Die Suche nach Atlantis ist nicht die nach dem verlorenen Paradies. Auch das erscheint uns als eine retrospektive Mystifizierung, die nicht ungefährlich ist, weil sie schon zu lange die Träume von einer menschlicheren Menschheit blockiert ... Der Zusammenhang von Erinnern und Vergessen, von Offenbarung und Verschleierung, von Kontinuität und Diskontinuität wäre selbst ein wesentlicher Bestandteil des Themas: Sind Fabeln, Legenden, Mythen eher Merkposten oder eher Verdrängung? ... Zentral ist aber für uns das Problem einer Traumatisierung der historischen Menschheit durch die vorausgegangene Katastrophe. Wir haben den Verdacht,

[24] vgl. Rötzer, F., Es war einmal. Einige umständliche Bemerkungen in: Sonnemann/Kamper a. a. O., S. 54

[25] Sonnemann, Ulrich/Kamper, Dietmar (Hrsg.) *Atlantis zum Beispiel*, Darmstadt und Neuwied 1986

[26] Vgl. Fußnote 21

daß die gegenwärtige Anfälligkeit für die Apokalypse (als Ereignis wie als dessen Vision), also für befürchtete oder erhoffte Weltuntergänge, in einer direkten Korrespondenz zu der schlecht verheilten Narbe steht, die der Untergang von Atlantis im Gedächtnis der Erdbewohner hinterlassen hat.«[27]

Wir haben die Menhire gefunden. Einmal aber haben wir einen großen Strohhaufen mit einem Riesenmenhir verwechselt. Wir haben bretonische Bauern getroffen, die uns erzählten, seit dem Zweiten Weltkrieg gäbe es keine Menhire mehr, und Sonnemann dachte ernsthaft darüber nach, ob Göhring auch Menhire bei seinen kulturellen Raubzügen mit nach Berlin genommen hatte.

Wir haben die Menhire gefunden. Wir haben an den Steinen gerochen, kein menschlicher Geruch. Kein Hinweis auf einen realen Täter, aber die Vorstellung, daß sie von weit her stammen, kann uns keiner nehmen, es ist noch kein Beweis, es ist erst der Anfang einer Phantasie, einer philosophischen Beweisführung, die sich von der Realität des Detektivs unterscheidet.

Das Atlantisschiff ist noch nicht am Ziel. Der Kapitän navigiert noch. Der Detektiv hat den Tatort noch nicht aufgetan. Er hat seinen Schlußbericht noch nicht gefertigt. Die Observation dauert an.[28]

[27] Sonnemann/Kamper, a. a. O., S. 15-16

[28] Ginzburg, a. a. O., S. 17

Über das Mitleid[1]

An jedem Sonntag, früh am Morgen, läutet an meinem kleinen Haus im Hessischen die Türglocke. Ich stehe verschlafen auf und weiß, wer dieser Störenfried ist. Er lehnt sein Fahrrad an die Wand meines Hauses und blickt zum geöffneten Fenster empor. Herr Langhammer ist 90 Jahre alt. Er ist mein Schützling. Manchmal fühlen meine Kinder sich gestört, manchmal schimpft meine Freundin, wenn ich aus dem Bett aufstehe und in die Küche eile. Hier koche ich Kaffee, und Opa Langhammer erzählt seltsame Geschichten. Er holt eine Münze aus der Tasche und zeigt sie mir geheimnisvoll.

»Der ist immer dabei«, sogleich läßt er die Münze wieder in der Hosentasche verschwinden. Ich habe ihn erkannt, den kleinen Lenin im Halbprofil mit bronzenem Gesicht. Bei Herrn Langhammer zu Hause hängt ein Kruzifix. Es ist ganz aus Eisen. »Ich habe es gerettet«, sagt er, »es sollte von den Nazis eingeschmolzen werden, für Kugeln.«

Opa Langhammer glaubt an den lieben Gott und hofft hartnäckig auf die »sozialistische Weltrevolution«. Danach, wenn die revolutionäre Arbeit getan ist, will er die kleine Dorfkirche umbenennen: *Sozialistische Kirche Jesu Christi.*

Den Platz für das neue Schild hat er bereits gefunden, gleich neben dem Eingangsportal. Ich habe Herrn Lang-

[1] Eine Hommage an Adolf Holl.

hammer zwei Jahre zuvor, am Heiligabend, kennengelernt. Er schob sein Fahrrad die Dorfstraße entlang. Über und über beladen mit Decken und Plastiktüten. Ich sprach ihn an, lud ihn zum Essen ein, und später habe ich ihn nach Hause geschickt, wo immer das war. Ich habe ihm gegenüber eine Grenzlinie gezogen. Ich hatte ein schlechtes Gewissen.

Warum ich Opa Langhammer die Tür öffne, auch wenn ich müde bin, selber Sehnsucht nach Zärtlichkeit habe oder einfach schlecht gelaunt bin?
– Weil ich ein guter Mensch sein will?
– Weil ich mich schuldig fühle?
– Weil ich will, daß der liebe Gott in sein großes Buch schreibt »Christoph war heute wieder gut...«?
– Weil Opa L Sozialist ist, so wie ich auch?
– Weil ich mich nicht abgrenzen kann und am Helfersyndrom in völliger Selbstüberschätzung leide?

Fragen eines Rechtsdozenten an einer kirchlichen Hochschule für Sozialarbeit. Fragen an einem Ort, wo Helfen zur Profession ausgebildet wird.

Bevor wir nach Antworten suchen, nenne ich noch ein weiteres Beispiel.

Adolf Holl, Priester mit kirchlichem Lehrverbot, den ich sehr verehre, hat ein Büchlein geschrieben, dem ich meinen Titel entlehnt und vielleicht sogar gestohlen habe, Mitleid im Winter. Er schildert, wie eines Tages beim Schriftsteller Holl eine junge Fixerin an der Tür klingelt, die unter Verfolgungsängsten leidet. Nimmt er sie auf? Schickt er sie in die Drogenberatung? Holl nennt sie liebevoll Paranoia. Auf der Suche nach einem eigenen Motiv, sie einige Wochen bei sich untergebracht zu haben, stellt er die Frage, ob es Mitleid oder Neugier oder Höflichkeit oder gar sexuelle Wünsche waren?

In einer Gesellschaft, in der, wie Marx es formuliert, die freie Assoziation frei assoziierter Individuen ein herrschaftsfreies Leben garantieren würde, gäbe es solche Fragen nicht, wie Holl oder ich sie formulieren. Kein Zweifel: Ich wünsche mir diese Gesellschaft, demnach wünsche ich mir immer noch ein Moment der revolutionären Erhebung. Aber es löst meines und das Problem von Holl nicht, wenn der Bruder oder die Schwester um konkrete Hilfe bittet.

Hinter diesen privat erscheinenden Fragen oder besser, hinter den privaten Antworten schlummert die Angst vor Einsamkeit, und dies ist eine grundsätzliche, eine gesellschaftliche Angst.

Ich öffne Opa L die Tür, weil auch ich etwas von ihm bekomme, seine Geschichten, seine Zuneigung, weil er mir etwas zeigt, wie ein Spiegel. Vielleicht ist es die eigene Angst, alt und einsam zu sein, eine Angst, daß dann im künftigen Leben einem niemand mehr die Tür öffnet? Würde ich unser Verhältnis »kalt« beschreiben, wäre es ein Tauschverhältnis. Ich gebe, damit mir gegeben wird. In unserer Gesellschaft findet man mehr denn je das Prinzip des Warentausches. Es ist spannend, dieses Verhältnis aufzuzeigen und immer wieder neu als ein kapitalistisches Prinzip zu entlarven. Wäre dies aber die einzige Antwort auf mein Verhalten und mein Verhältnis zu Opa Langhammer, täte ich mir selber Unrecht. Weiß ich mir selbst keine befriedigende Antwort, muß ich mich anderer Menschen und vielleicht anderer Denksysteme bedienen. Gehen wir ins helfende Extrem. »Gib Saures für Süßes«, sagt der Heilige Franz von Assisi, und hinter seinem Begehren, zu geben und alles aufzugeben, steckt die große Suche nach Wärme. Radikaler noch ist Mutter Theresa: »Wir müssen geben, bis es weh tut«, sagt sie, sie lebt immer noch auf den Straßen von Kalkutta.

Mutter Theresa hat den Ehrendoktor der Universität von Cambridge verliehen bekommen. Sie ist Friedensnobelpreisträgerin. Sie tut ihre Arbeit unter den Armen, den Ärmsten der Armen, als prominente Protagonistin christlicher Nächstenliebe, all dies unter den Augen des Mannes Jesus Christus. Ihr Prinzip ist das Prinzip der erlösenden Liebe. Für die Geschäftswelt Kalkuttas ist diese christliche Nächstenliebe eine feine Sache, weil sie die bestehenden Verhältnisse nicht in Frage stellt und die Armen auf den Straßen befriedet. Für uns verkörpert Mutter Theresa das schlechte Gewissen: im Sommer, mehr im Winter, besonders aber zur Weihnachtszeit. Frauen wie Mutter Theresa, sagt Holl, neigen selten zur Rebellion, vielmehr zur Artigkeit. Angepaßtheit oder Gesetzestreue sind die Merkmale der dienenden Frauen. Das Ethos der Dienerin, in der Gestalt freundlicher Schwestern, schwebt immer noch als Leitthema über den Frauenberufen der Gegenwart, über den Sekretärinnen, den Kindergärtnerinnen und nicht weniger über den Sozialarbeiterinnen und Krankenschwestern.

Manchmal kommt diesen Frauen die ihnen zugedachte Rolle abhanden. Wenn sich Mitleid mit Auflehnung paart, entsteht eine explosive Mischung. Diese Mixtur gab es auch beim Heiligen Franz, den erst die offizielle Kirchengeschichte zu einem Sanftmütigen und zu einem Vogelschwätzer gemacht hat. Dort – wie bei ihm –, wo das Ich vorkommt, zunächst als Eingeständnis der eigenen Bedürftigkeit, wo zu dem Mitleid noch etwas hinzukommt, bei Franz eine Art Lebenshaltung, die rebellische Suche nach Zärtlichkeit, Demut und Rebellion, wird deutlich, daß Mitleid immer nur eine unvollständige Lösung sein kann. Es ist Holl und nicht der Verfasser, der sich auf den Weg der ethnologischen Suche nach der Wortbedeutung des Mitleids begeben hat. In einem kirchlichen Lexikon lese ich unter dem Begriff *Compassio* oder *Misericordia.* Im Englischen heißt es einfach *pity.* Beim Mitleid, so heißt es, als einem Mitleiden mit der Not, dem Schmerz anderer, das sich in tätiger Hilfe äußert, kann man zwei Grundformen unterscheiden: 1. ein pathologisch geteiltes Mitleid (wenn das Schmerzgefühl unmittelbar die Tat bestimmt), 2. ein vernunftgeleitetes Mitleid, das, wie ich meine, verwaltete Mitleid, genannt die Tugend der Barmherzigkeit.

Mitleid als Kunstwort, geboren im 17. Jahrhundert, war stets mit Gott und Religion verbunden. Bis im 19. Jahrhundert die Zeit geboren wurde, in der Gott verstarb. Woran übrigens? Wenn wir uns an ein Bonmot von Friedrich Nietzsche erinnern und den Satz, den viele kennen, zu Ende lesen, dann heißt es: Gott ist tot; an seinem Mitleid mit den Menschen ist Gott gestorben. So die Diagnose von Nietzsche. Vorsicht ist also geboten. Wir haben es möglicherweise mit einer schwerwiegenden Infektion zu tun.

Zurück ins 18. Jahrhundert, als anstelle der durch Gottesliebe vermittelten Nächstenliebe eine allgemeine Menschenliebe freiwerden sollte. Die Erde trennte sich vom Himmel, Recht trennte sich von der Moral, Recht und Religion begannen, ein Eigenleben zu führen. Vorsichtig am Anfang und immer noch ineinander verwebt.

Mitleid kann seither, seit der Geburt des bürgerlichen Humanismus, als ein Identifikationsverhältnis beschrieben werden. Aber sind diese Versuche nicht hilflose intellektuelle Versuche, Mitleid zu definieren, ein Verhältnis zwischen zwei oder mehreren Menschen zu erfassen, zwischen Menschengruppen, welches letztlich nicht über Worte zu begreifen ist. Da geht Adolf Holl weiter zurück, er geht ins Hebräische, er sucht nach dem hebräischen Wortstamm, worauf die wenigsten Lexika Bezug nehmen. Im Hebräischen heißt Mitleid Rachamin.

Rachamin ist mit Rechem verwandt, und das bedeutet: Mutterschoß und Eingeweide. Der Ausdruck »die Eingeweide des Mitleids«, der im Lukasevangelium (1,78) auftaucht, erinnert an den Zusammenhang zwischen den weiblichen Organen und den Regungen der Menschenfreundlichkeit: »Hier ist der Aufruhr in den weibischen Innereien, diese plötzliche Hitze im Unterleib, ganz und gar dasselbe wie die sogenannten edleren Regungen, nämlich Liebe und Erbarmung ... Aber wir müssen hinaus in die kalte Welt, und manchmal ergeht es uns schlecht in ihr. Wie schön ist es dann, wenn ein gütiger Mensch seine Hand auftut und uns hilft. Nicht nur im Jüdischen, auch in anderen semitischen Sprachen klingt der warme Mutterleib in den Wörtern des Erbarmens fort, beispielsweise im Arabischen Rachmani, Rachim.«[2]

Die verlassenen Körper und der Zug der Zivilisation ziehen weiter. Wir schauen aus dem Fenster, sehen die große

[2] Holl, Adolf, *Mitleid im Winter,* Reinbek 1985, S. 27

antike Säulenhalle, den Ort, wo Zenon die Kategorie des Mitleids zu einem instrumentellen Begriff verkommen läßt, sehen die großen Staatstheoretiker der frühen Neuzeit wie Spinoza, der Mitleid als etwas Schlechtes und Unnützes abgetan hat, oder Hobbes, für den Mitleid nur eine instrumentelle Kategorie ist.

Die Herren Spinoza und Hobbes, staatsfixierte Denker, haben sich schon lange, bevor eine Theorie des ökonomischen Managements entstand, von ihren Gefühlen verabschiedet. Bei den »Herren der Macht«, den Staatstheoretikern ist kein Platz für irgendwelche Regungen der Eingeweide, der Kopf richtet sich gegen die Verirrungen des Unterleibs, damit das Zentrum nicht geschwächt und die staatliche Zentralisierung nicht durch Gefühlsregungen beeinträchtigt wird.

Vielleicht stehen einige meiner Studenten den Herren Spinoza und Hobbes näher, als ich es wahrhaben will. Die mitleidige Mutter Theresa erfüllt eine klare Funktion im Kapitalismus. Sie läßt die Armen stille sein und deckt die Frage nach dem ausbeuterischen Gesellschaftssystem mit dem Mantel des Mitgefühls zu. Auch die antiimperialistisch denkenden jungen Menschen, selbst wenn sie für sich das Studium der Sozialarbeit gewählt haben, sehen im Mitleid eine altmodische, den Kapitalismus erhaltende Lebensform oder Ideologie.

Sie stehen mit dieser Auffassung den Philosophen Max Horkheimer und Theodor Wiesengrund Adorno durchaus nahe. Bereits 1942 haben die beiden Freunde in der amerikanischen Emigration begonnen, sich Gedanken über das Verhältnis von Mitleids-, Moral- und Klassengesellschaft zu machen. Eindeutig beziehen sie Position gegen die Mitleidsfeinde Spinoza, Nietzsche und auch den Herrn de Sade. Ja, Sade hat sich zum Mitleid häufig und in kluger Weise geäußert, denn denkt man seine Thesen zu Ende, so wäre gar Mitleid ein Mittel gegen den Staat: »Mitleid ist staatsgefährlich, nimmt die nötige Härte und Straffheit, macht, daß Herren sich gebärden wie heulende Weiber.« Aber da sind sie doch wieder, die Eingeweide, die Regungen, ohne daß Sade sich dem hebräischen Rechem gewidmet haben mußte.

Adorno und Horkheimer denken differenzierter über das Mitleid nach. Mitleid sucht, ihrer Auffassung nach, nur, die Unmenschlichkeit zu mildern, bestätigt damit aber die gesellschaftlichen Rahmenbedingungen und verstellt den Blick auf das, was möglich wäre. Anders: »Indem Mitleid die Aufhebung des Unrechts der Nächstenliebe in ihrer Zufälligkeit vorbehält, nimmt es das Gesetz der universalen Entfremdung, die es mildern möchte, als unveränderbar hin.«[3]

Noch einmal und vielleicht mit meinen Worten: Indem die Mitleidsmoral, »der Mitleidige«, nur die Auswüchse bekämpft oder mildern will, bestätigt er das System. So auch immer noch die Auffassung meiner kritischen Sozialarbeiterstudenten. Es ist natürlich auch ein frontaler Angriff gegen Mutter Theresa, aber es ist keine Kritik an der Wachheit, an der Zärtlichkeit, an der konkreten Solidarität. Später hat Horkheimer einmal gesagt, daß es nicht die Weichheit, sondern das beschränkende am Mitleid sei, daß es fragwürdig macht. Mitleid ist, und da kann man

[3] zitiert nach Holl, a. a. O., S. 56

Herrn Holl recht geben, immer nur eine halbe Lösung, immer zu wenig.

Vertrauen wir uns noch ein wenig den Suchbewegungen von Adolf Holl an: In der heutigen Sozialwissenschaft heißt Mitleid »prosoziales Verhalten«. Der Ausdruck wurde in den USA erfunden, im Jahre 1967, und seit der Studentenbewegung des Jahres 1968 hat sich der Buch- und Wissenschaftsmarkt in Sachen Soziales und Mitleid erheblich erweitert. Die Mitleidskonzerne der freien Wohlfahrtsverbände, des Diakonischen Werkes, der Arbeiterwohlfahrt, der Johanniter, des Deutschen Roten Kreuzes und des Deutschen Paritätischen Wohlfahrtsverbandes expandierten zu gewaltigen Administrationen. Wie jämmerlich wirkt dagegen der kleine Franz aus dem Ort Assisi, der Heilige Martin, der es nicht weiter brachte, als seinen Mantel zu teilen, und Mutter Theresa in den indischen Slums, wie jämmerlich dagegen unser kleiner Sozialarbeiter als »Street Worker« im Café Eck in Hannover. Aber die Bücher und Wohlfahrtskonzerne helfen uns nicht bei der Beantwortung unserer Frage, warum Paranoia bei Holl blieb, warum Opa Langhammer in meinem Hause und warum die Professionalisierung des Mitleids vielleicht mitleidsfeindlichen Charakter hat.

Vielleicht ist alles aber auch nur ein großer Bluff, vielleicht habe ich dieses Thema nur gewählt, um meine »narzißtische Degeneration des Mitleids« zu legitimieren. Vielleicht ist uns schlicht auf dieser Erde nicht zu helfen, gleichgültig, ob man, wie in meinem Falle, mit BAT I dotiert, und damit gut abgesichert, laut über das Mitleid nachdenken kann. Ist es nicht wirklich erst die Radikalität der Konsequenz, wie sie der reiche Bürgersohn Franz von Assisi gelebt hat, die glaubwürdig macht? Aber auch diesem Weg ist längst der Ausweg versperrt. Die franziskanischen Nachfolger haben sich subordiniert unter die Ordensregeln des Vatikan. Manchmal noch horcht man auf, wenn einem späten Nachfolger des Franz, dem Lateinamerikaner Boff, der Mund verboten wird. Die Prä-Yuppie-Generation hat sich verbraucht am Reichtum eines Baghwan, ob in Poona oder Kalifornien, alle diese Alternativen sind dogmatisch längst besetzt.

Lassen Sie uns fast am Schluß unserer Reise noch einmal den Versuch der Systematisierung unternehmen und in die Unordnung von Mitleid, Eingeweide, Sozialarbeit, prosoziales Verhalten oder Wohlfahrtsarbeit mit Hilfe des Herrn Holl und des Professors Bales aus Harvard System bringen. Herr Holl hat Herrn Bales persönlich kennengelernt. Seit 35 Jahren arbeitet dieser Professor an der Erfahrung des menschlichen Benehmens in kleinen Gruppen. Bales ist Empirist, kein unkritischer Mensch, er ist ein großer Beobachter. Manchmal, wenn er die Verhaltensweisen der kleinen Gruppen, im Nebenraum hinter dem Spiegel sitzend, versucht hat zu bewerten, hat er sich von drei Grundfragen leiten lassen:

1. Besteht der Eindruck, daß die beobachtete Person eine bestimmte Stelle in der Gruppe einnehmen will?	Ja = U (upward = nach oben) Nein = D (downward = nach unten)
2. Besteht der Eindruck, daß die beobachtete Person die meisten anderen Personen in der Gruppe mag?	Ja = P (positive = positiv) Nein = N (negative = negativ)

3. Besteht der Eindruck, daß die beobachtete Person sich in Übereinstimmung mit den geltenden Normvorstellungen befindet?	Ja = F (forward = nach vorn) Nein = B (backward = rückwärts)

Es steht Ihnen frei, sich selbst in diesem Testverfahren einer Bewertung zu unterziehen. Ich persönlich schwanke noch zwischen UPB und UB, weil ich mich bei der Frage 2 nicht so recht entscheiden kann.

Die Typologie der menschlichen Haltungen hat Bales in unterschiedliche Gruppen zusammengefaßt, die er in einem sehr differenzierten Verfahren herausgearbeitet hat. UNF zum Beispiel hätte große Chancen, in einer autoritären Gesellschaft eine Führungskraft zu werden. PF ist nach Bales eher dem weiblichen Geschlecht zugehörig, das PF-Ideal ist hausfraulich, familiär in seinem Ursprung, nicht Liebesleidenschaft brennt darin, »es will zärtliche Fürsorge. Seid nett zueinander, im Kamin knistern die Scheite, das Süppchen siedet auf dem Herd, die Katze schnurrt auf der Ofenbank« (Holl, S. 115).

DPB dagegen tritt für Minderheiten ein, Kriminelle, Außenseiter, Abweichler, Arme, AIDS-Infizierte, alle diejenigen, mit denen Herr UNF am liebsten kurzen Prozeß machen würde. DPB versteht sich mit den PF-Typen auch nicht so gut, insbesondere nicht mit Mutter Theresa, die sicherlich in die Kategorie DPF fallen würde und blind ist für die Gefahr eines Faschismus, während sie christliche Liebe praktiziert. Besonders anfällig für das Mitleidig-Sein, das Mitgefühl, und scheinbar auch undogmatisch im Umgang mit eigenen gesellschaftlichen Vorstellungen, scheint DPB zu sein. D, das ist eher der Zug nach unten, wie beim Heiligen Franz, oder das nicht Abhängigseinwollen von einflußreichen Stellen, P ist ein Moment der Hinneigung zum anderen, vielleicht auch schlichte Freundlichkeit, und B nicht sonderlich obrigkeitsfromm, gegen normatives Verhalten gerichtet, gegen das, was als Normenkatalog existiert.

Holl sagt, Bales habe lediglich Kraftlinien oder Tendenzen geliefert. Innerhalb dieser Tendenzen oder Bewegungsrichtungen scheint der Hang zum Mit-Leiden bei denen, die entweder nur ein D, ein P oder ein B vorweisen, entwicklungsfähig zu sein. Bei Holl heißt es:

»Wir: Das sind alle, die in sich ein D (ein Zug nach unten) oder ein P (Hinneigung zu den anderen) oder ein B (einen Hang zur Widerspenstigkeit) zu entdecken vermögen. Noch die leiseste Beimischung einer dieser Tendenzen stiftet eine Verwandtschaft, die nicht aus dem Blut kommt und nicht aus dem Willen des Mannes, wie das Evangelium des Johannes es ausdrückt. Der Verein, der auf diese Weise zustandekommt, steht vorderhand, wie in Büchern üblich, nur auf dem Papier.« (S. 131)

Ach ja, es fehlt die Antwort auf die Frage, warum ich Opa L bei mir aufgenommen habe.

Vielleicht, weil ich gespürt habe, daß dieser Mensch für mich bestimmt war. Wenn nicht, macht nichts, weiter üben oder in Zen-Manier, es ist egal, was du tust, tu es richtig. Mitleid ist also ein Mittel gegen das Unbehagen, das beginnt, wenn wenig geliebte Kinder, also alle Menschen, erstaunt feststellen, daß sie ohne Grund existieren. Mitleid ist ein Therapeutikum gegen das Gefühl des Säuglings, endgültig verlassen worden zu sein.

Der Präsident

Es gibt Tage, da kommt der Bischof nicht ins Haus. Sein Dienstzimmer bleibt leer. Er empfängt mich zu Hause. Der Bischof ist ein stiller Mann. Zu DDR-Zeiten saß er im Gefängnis. Ich brauche Hilfe, aber der Bischof ist hilflos. In Grimmen bei Greifswald lebt der Pfarrer mit seiner Frau. Nach der Wende fuhr er zur Gauck-Behörde, weil er, neugierig, schon immer wissen wollte, wer sein »Observer« war. Sein Agent trägt den Decknamen »Titus«. Der Mann muß ein Lateiner und zugleich ein Shakespearekenner sein. Der Mann heißt Bohl und ist Superintendent. Jahrelang hat er Berichte über den Pfarrer angefertigt, über die Jugendarbeit, die Gedenkgottesdienste zum 9. November. Nach der Wende soll der Pfarrer seine Gemeinde verlassen. Das gedeihliche Zusammenwirken mit der Gemeinde sei nicht mehr gewährleistet.

Der Pfarrer bittet mich um Hilfe. Grimmen, das liegt weit im Norden, und doch erinnern mich die Straßenzüge an die Filme von Vitorio de Sica: Italien im Jahre fünfzig. Grau in grau und eine gläubige, demütige Armut. Herr Bohl begrüßt mich. Er läd mich ein zu einem Glas. In seiner Bibliothek steht William Shakespeare: »Titus Andronicus«. Ich muß vorsichtig sein. »Ja«, sagt Herr Bohl, »wir Lateiner unter uns.« Später gehe ich mit ihm durch die nächtliche Stadt. Wir verabschieden uns. Er beginnt mir leid zu tun. Ich falle auf Titus herein. In den Akten des Pfarrers, in den Berichten des Spitzels, in den Worten von Titus liegt unendlich viel Neid. Der Pfarrer wird geliebt, gelobt, die Jugendlichen haben zu ihm Vertrauen. Titus ist einsam und für den Sozialismus. Nach der Wende leitet die Pommersche Landeskirche gegen den Pfarrer das Versetzungsverfahren ein. Er sei zu spät zu einer Beerdigung gekommen. Er sei ein Verfolger. Titus bleibt. Seine Pensionierung steht bevor. Titus genießt den Schutz des Präsidenten. Der Präsident heißt Harder. Er ist Jurist. Zu DDR-Zeiten hat er sogar nebenbei an einer Hochschule gelehrt. In der Akte des »IM-Präsident« steht: »Der Kandidat besitzt als Diplom-Jurist und langjähriger Leiter des Konsistoriums die notwendigen theoretischen Kenntnisse ... Er ist ein brillanter Rhetoriker und beherrscht alle Formen der gepflegten Konversation.«

Der Präsident verhindert ein Konzert des Dissidenten Krawzyck, er berichtet regelmäßig seinen Führungsoffizieren, und noch am 20.Februar 1989 verhindert er im Auftrag der Staatssicherheit auf einem kirchlichen Seminar Beschlüsse der Kirchenbasis gegen Raketenstationierungen in Ost und West. Der Präsident und sein Oberkirchenrat, der Theologe Dr. Plath, werden später zu Kronzeugen für den Ministerpräsidenten Manfred Stolpe, integre Männer, Präsidenten unter sich. Dr. Plath hatte vorher die große »Verdienstmedaille der DDR« überreicht bekommen. In seiner Akte steht: »Er ist ein sehr beweglicher Mann, der bereit ist, bei Notwendigkeit, auch nachts oder in den frühen Morgenstunden zum Treff zu kommen.«

Der Pfarrer macht es sich nicht leicht. Soll er seinen alten Peinigern verzeihen? Er hält es mit dem alten Rabbi Baal Shem Tov: »Das Geheimnis der Vergebung liegt in der Erinnerung.« Er findet Akten, Berichte über Oberservationen, Mitschriften seiner Predigten, Denunziationen seiner

Jugendarbeit. Fünfzehnjährige Jugendliche hat der Superintendent angeworben.

»W. hat jetzt lediglich im Rahmen seiner Tätigkeit als Gemeindepfarrer die Möglichkeit, auf Jugendliche einzuwirken. Es ist festzustellen, daß W. gegen diese Entscheidung stark opponiert und damit unzufrieden ist. Er hat andere Vorstellungen ... stärker ausgeprägt auf einen politisch-gesellschaftlichen Gegenstand, mit starker Kritik an den bestehenden gesellschaftlichen Verhältnissen.«

Der Informant ist Titus. Kurz nachdem der Pfarrer die Aktenauszüge in Kopie der Kirchenleitung vorlegt, wird in sein Pfarrhaus eingebrochen. Die Ermittlungen werden nach wenigen Tagen eingestellt. Was hat sich an den neuen Verhältnissen geändert? Der Präsident leitet gegen den Pfarrer ein Versetzungsverfahren ein. »Können Sie ihm helfen?« frage ich den Bischof. Kann er sich selbst helfen? Reden wir lieber über den »Heiligen Franz« und seinen ungebrochenen Mut, seine große Suche nach Zärtlichkeit. Der Bischof kommt aus der Uckermark, das klingt fast wie Umbrien, aber Franz wußte genau, weshalb einer wie er niemals Bischof werden wollte. »Der Pfarrer ist aber auch ein Dickopf«. »Gottseidank«, antworte ich, »sonst hätt er das alles nicht ausgehalten.« Hält der Bischof es aus?

Wir verabschieden uns, mehr war nicht möglich, etwas war viel.

Der Präsident hat vom Ministerium für Staatssicherheit eine Hi-Fi-Anlage bekommen. Manchmal ist er aus der Konsistoriumssitzung in den Park gelaufen. Da hat der Führungsoffizier gewartet. Sie haben über Kirche und Staat gesprochen, generelle Themen, sagt der Präsident, »keine Interna«. In der Akte steht etwas anderes.

Der Pfarrer muß endlich weg, der ist »ungedeihlich für die Gemeinde«.

»Danke«, rufe ich noch einmal dem Bischof zu und laufe durch die Stadt. Das Konsistorium, das Verwaltungsgebäude der »Pommerschen Landeskirche«, ist in der Bahnhofstraße. Man muß in die Höhlen der Löwen gehen. Man muß sie anschauen, ihnen die Hand reichen, damit sie unsere Nähe spüren. Ich läute. Ich habe einen Termin. Aber niemand öffnet mir. Dann kommt der Hausmeister. »Der Präsident ist schon weg.« Ich bitte um Einlaß. Der Hausmeister zögert, aber der christliche Impuls, läute und es wird dir aufgetan, ist mächtiger. Im Flur läuft mir Dr. Plath über den Weg, merkwürdig, ich dachte, er sei in Zwangspension. Ob er seine Akten sucht, ob Gott ihn verflucht hat, hier jeden Freitag seine Akten suchen zu müssen? »Hier ist das Zimmer vom Bischof. Aber er ist nicht oft hier, er fühlt sich nicht wohl.« Ich kann ihn verstehen unter diesen »alten Wölfen«, da fällt es schwer, die Arme auszubreiten wie der Heilige Franz.

Der Pfarrer hat keine Chance. Sie bieten ihm eine neue Stelle an: »Polizeilicher Seelsorger.« Der Pfarrer geht. Titus bleibt. Der Präsident wird nunmehr auch Mitglied im Verwaltungsrat der Evangelischen Kirche in Deutschland. Es wird Abend über Greifswald. Der Hausmeister geht in seine Stammkneipe, ich laufe zum Bahnhof, und der Bischof schaltet den Videorecorder an. Er hat sich einen Film von Vitorio de Sica besorgt. »Das Wunder von Mailand«. Die Geschichte spielt in der Vorstadt von Mailand. Direkt an der Bahnlinie nach Rom leben die Armen. Unter ihnen ist Toto. Er hat seine Großmutter verloren und war viele Jahre im Waisenhaus. Toto ist kein Trauerkloß. Er liebt das Leben. Eines Tages kommt seine Großmutter, Signorina

Lolota, aus dem Himmel geflogen und bringt Toto eine Taube. Sie gibt ihm die Fähigkeit, zaubern zu können. Toto beschenkt die Armen, und er bekämpft den reichen Signor Mobbi und die Polizei. Aber Toto verstößt gegen irgendeine Ordnung, ob es die himmlische ist, weiß er nicht. Da kommen vom Himmel die Engel und holen die Taube zurück. Sind es wirklich Engel, strenge Männer, sie sehen aus wie eine Sondereinheit einer übergalaktischen Himmelspolizei. Nein. Diese Himmelspolizisten sind keine Boten Gottes. Sie sind böse und nicht den Armen zugetan. Ihre Auftraggeber kennt man nicht. Manchmal tragen sie Akten unter dem Arm. Sie leben als gemeine Spezies im Konsistorium in Greifswald und oft auch in Rom.

Der Tote vom Kudamm

Hans-Jürgen Lethgau ist nicht alt geworden. Ende November fanden Angestellte der Firma »East-West« den Leichnam eines 56jährigen Mannes. Da lag er mit offenen Augen im Treppenflur eines Geschäftshauses, Kudamm Nr. 220. So, als würde er noch im Tode die Welt nicht begreifen. Mitten in Berlin. Im Zentrum. Ein belebter Ort. Wie ein Hund, so als habe die Scham seinen Tod überdauert.

Abends war Lethgau von Düsseldorf nach Potsdam gefahren. Die Autobahn war voll. Nicht zum ersten Mal war er im Hotel Cecilienhof abgestiegen. Er liebte den Ort, an dem das Potsdamer Abkommen zustande kam. Hier waren auch Roosevelt und Churchill abgestiegen. Er hatte gespeist. Bardolino getrunken. Rotwein gegen den Herzinfarkt. Als die Nacht kam, zog er sich einen seidenen Schlafanzug an, öffnete das Fenster, verdunkelte das Licht, und bei klassischer Musik schlief er ein.

Man schläft nicht mehr nackt im Alter. Aber man schläft unruhiger, wenn man älter wird.

Lethgau war auf den Spuren der Deutschen Wiedervereinigung. Er suchte nach den Immobilien seiner Mutter. Nein. Als Patriot hätte Lethgau sich nicht bezeichnet. Ihn interessierten das Geschäft und die Grundstücke seiner Mutter, die der SED-Staat enteignet hatte.

Die Ländereien lagen im Osten. Lethgau wollte nach »Wildpark-West«, einer kleinen Siedlung nahe der brandenburgischen Hauptstadt. Hier geht die Angst um. Angst vor den neuen Eigentümern. In der 400-Seelen-Gemeinde unweit von Potsdam melden sich täglich neue Alteigentümer und erheben Rückübertragungsansprüche. Rechtsanwalt Lethgau sei wie ein Pfau durch die Siedlung stolziert. Er trug seinen Boss-Anzug. Der Mercedes Benz parkte am Eingang des Dorfes, und der Mann marschierte mit seinem Handy über das Terrain. »In einem halben Jahr seit ihr hier alle weg«, soll er gesagt haben. Mit solchen Sprüchen macht man sich keine Freunde. »Wildpark-West« ist eine Siedlung ehemaliger Stasi-Mitarbeiter und deren Familienangehörigen. Kamen die Mörder von hier? Haben die Ossis den karrierebewußten Geschäftsmann auf dem Gewissen?

»Unter uns ist der Mörder nicht«, sagt der Rentner M. zur *Taz*-Journalistin Plutonia Plarre. Aber sie glaubt ihm nicht. »Klar, die Leute in Wildpark sind ganz schön fertig, aber soviel Geld, einen Killer zu bezahlen, haben wir nicht.«

Rentnergeschichten. Rentner und Narren sagen die Wahrheit. Man muß Zeit haben, nichts kostet mehr Zeit als Recherche. Hier draußen in Wildpark, gleich an der Havel, liegt eine Anglerkneipe. Da kann man sitzen und zuhören, man kann trinken und rauchen. Man kann angeln.

»Lethgau war wieder hier.« Pause. »Mit seinem Benz.«

»Kein Benz, mit 'nem Audi.« »Quatsch, ich hab es doch gesehen, ein Benz mit D, am Sonntag.«

»Ich auch, ein Audi mit Düsseldorfer Kennzeichen.«

»Zwei Autos aus Düsseldorf?«

Ich gehe an der Havel entlang und betrachte die Grundstücke. Kleine Villen. Anfahrtswege an befestigten Grünstreifen. Bescheidener Wohlstand. Privilegiertes Wohnen im Osten. In Düsseldorf allenfalls eine Mittelstandssiedlung unterster Kategorie. Zwei Autos aus Düsseldorf. Was kümmert's. Lethgau ist tot. Zwei Autos aus Düsseldorf machen ihn auch nicht lebendig. Frau Plarre schreibt in der *Tageszeitung* vom 8. Oktober 1993:

»Besonders bedauert wird Lethgaus Tod in Wildpark nicht. Man könnte sagen, da habe die Gerechtigkeit zugeschlagen. Der einzige Vorteil ist, daß die Leute hier nicht ganz so schnell rausmüssen... Amtsleiter Wulf vom Amt für offene Vermögensfragen ist da anderer Ansicht. Nun dauert es noch länger, bis die Eigentumsverhältnisse in Wildpark West geklärt seien.«

Ich unterrichte die Mordkommission III in Berlin: Zwei Wagen aus »D«. Ich höre nichts mehr. Der Fall verliert an Interesse. Am 22. 3. 1994 meldet die Deutsche Presseagentur im *Gießener Anzeiger*:

»Ein vor rund einem halben Jahr auf dem Berliner Kurfürstendamm erschossener Düsseldorfer Rechtsanwalt ist offenbar das Opfer eines Nebenbuhlers geworden. Die Polizei nahm den 29jährigen Liebhaber der damaligen Freundin des Rechtsanwaltes unter Mordverdacht im rheinischen Neuss fest. Auch die 35jährige Frau, die sowohl zu dem Anwalt als auch zu seinem mutmaßlichen Mörder eine Beziehung hatte, wurde bereits am Mittwoch festgenommen.«

Weiter heißt es in der Meldung, der 29jährige habe ein Geständnis abgegeben. Ob er zeitweilig auch einen Audi mit Düsseldorfer Kennzeichen fuhr, bleibt unerwähnt.

Die 28. Große Strafkammer am Landgericht in Berlin verurteilte am 20. April Lethgaus ehemalige Freundin zu einer Freiheitsstrafe von drei Jahren. Sie und ihr Freund, der KfZ-Sachverständige R., waren im Sommer 1993 auf der

Suche nach einem Killer. 55 000,- DM zahlte R. an einen Beauftragten, der jedoch die Tat nie ausführte. Auch R. hatte für den Tattag ein Alibi. Unumstößlich die Aussage eines Nachbarn, der mit R. in Kaast bei Düsseldorf Kaffee getrunken hatte. »Der Zeuge war glaubwürdig und das Alibi nicht gestellt.« So blieb es bei einer versuchten Anstiftung zum Mord. Die Ereignisse am Kudamm bleiben ungeklärt. Das Vorleben des Opfers im Düsseldorfer Milieu war nie Gegenstand der Verhandlung. Oben unterm Dach, mit bestem Ausblick auf den Kudamm, residiert in der Nr. 220 das Anwaltsbüro Heers und Partner. In Wildpark-West stehen noch Restitutionsansprüche aus, alles in allem ein Versuch der Reprivatisierung, gelebter Einigungsvertrag mitten in Deutschland.

Klappe zu und Affe tot

Über die forensische Psychiatrie in Deutschland

In Hessen konzentrieren sich die Psychoanalytiker. Danach kommt New York. Mitscherlich gründete in Frankfurt das Sigmund-Freud-Institut, Horst Eberhard Richter praktizierte als Analytiker in der Gießener Universitätsklinik, und Erich Wulff entwickelte in Mittelhessen sein Konzept der Sozialpsychiatrie, abends schrieb er unter Pseudonym über den Krieg und das menschliche Elend in Vietnam. All dies ist lange her. Die kritischen Väter der institutionalisierten Seelenkunde haben die Lehrstühle verlassen. Ihre Schüler sind Klinikdirektoren geworden. Sie residieren in großen Häusern. Draußen am Rande der Stadt. Wenn sie nicht das Glück hatten, in einer psychoanalytischen Praxis unterzutauchen, landen sie manches Mal beim Abschaum, in der Gerichtspsychiatrie oder dem Maßregelvollzug. Die Schulen der Tiefenpsychologie haben ihre Stiefkinder, und von denen spricht man nicht. Sie leben in dunklen Höhlen, in den Gemächern, weggesperrt, wo das »Böse« hingehört.

Ich spreche von den Tötungsphantasien, von den alltäglichen Sadismen, von unseren Fähigkeiten, über Nacht zum Verbrecher werden zu können.

Die strafrechtlich Untergebrachten, die Schuldunfähigen oder die vermindert schuldfähigen Rechtsbrecher sind die Insassen des Maßregelvollzuges und der Entziehungsanstalten. Sie sind die Hospitalisierten der deutschen Psychiatrien. Bis hierhin auf das platte Land stößt die psychotherapeutische Praxis nicht vor. Medikamentisierung und Verhaltenstherapie, Wegschluß und Verwahrung sind die grobschlächtigen Instrumente der Gerichtspsychiatrie.

Bereits die Psychiatrie-Enquete-Komission von 1975 traf die Feststellung, daß die forensischen Psychiatrien innerhalb des ohnehin vernachlässigten psychiatrischen Versorgungssystems die letzte Position einnehmen. Hier wurden menschenunwürdigste Verhältnisse festgestellt. Die Schäden durch die eingetretene Hospitalisierung waren größer als alle Krankheitsbilder zum Zeitpunkt der Einweisung.[1]

Die gesundheitspolitische Situation und Versorgungslage ist seit der Wiedervereinigung noch katastrophaler geworden. In der Nervenklinik Brandenburg liegen bis zu sechs Patienten in einem Zimmer. In der Gerichtspsychiatrie gibt es einen wenige Quadratmeter großen Innenhof. In der Landesnervenklinik in Uchtspringe gibt es nach wie vor Zimmer mit 16 Betten, und der therapeutische Rahmen erstreckt sich auf ein Gruppengespräch in der Woche.

Während die Enquete-Komission noch den Vorschlag machte, die strafrechtlich untergebrachten Patienten in die allgemeinen Psychiatrien zu integrieren, hat bis heute nur das Bundesland Bayern diesen Versuch unternommen. An insgesamt zwölf bayerischen Bezirkskrankenhäusern wird Maßregelvollzug praktiziert. Die Spezialklinik in Straubing als zentrale Gerichtspsychiatrie dominiert.

In Westfalen-Lippe erfolgte eine Konzentration der Maßregelinsassen seit dem Jahre 1934 (der Einführung der

[1] Bericht über die Lage der Psychiatrie, in: BT-Drucks. 7/4200, S. 281

Unterbringungsnormen) im Landeskrankenhaus Eickelborn. In Niedersachsen und Hessen beispielsweise sind die Maßregelvollzugspatienten in zwei Kliniken untergebracht.

Mögen die Ideen, die geschichtlichen Quellen und Anfänge eines Maßregelvollzuges zu Anfang dieses Jahrhunderts gesucht werden, so ist die Normierung der Maßregeln der Besserung und Sicherung doch das Ergebnis des Gewohnheitsverbrechergesetzes vom 24. 11. 1933.

Im Strafgesetzbuchkommentar v. Schönke/Schröder (Anmerkung Stree vor § 61 Randnr. 5) heißt es: »Dies stellt die tiefgreifendste Maßnahme im Rahmen der allmählichen Anpassung des StGB an die Reformforderungen dar. Denn die Vorschriften über die sichernden Maßnahmen entsprechen jahrzehntealten Forderungen an den Gesetzgeber; eines der Haupttitel der Strafrechtsreformbewegung ist damit verwirklicht worden.«

Dennoch läßt sich nicht leugnen, daß es der nationalsozialistische Gesetzgeber war, der hier ein Grundinstrumentarium geschaffen hat, um geistig-seelisch oder psychisch Mißliebige wegschließen zu können.

Auf eine weitere Grundentscheidung ist hinzuweisen. Nach mehrjährigen Beratungen entschloß sich der Deutsche Bundestag im Jahre 1969, den eingeführten Maßregelvollzug prinzipiell beizubehalten. Allerdings hat der Gesetzgeber, wenn auch schon sich aus der Verfassung ergebend, den Grundsatz der Verhältnismäßigkeit im Maßregelvollzug explizit normiert. Nach § 62 Strafgesetzbuch darf nämlich eine Maßregel nicht angeordnet werden, wenn sie zur Bedeutung der vom Täter begangenen und zu erwartenden Taten sowieso zu dem Grad der von ihm ausgedehnten Gefahr außer Verhältnis steht.

Um einen Straftäter als schuldunfähig oder vermindert schuldfähig bezeichen und damit strafrechtlich exkulpieren zu können, hat der Gesetzgeber die §§ 20 und 21 StGB geschaffen. Die Möglichkeiten sind eng, die Kriterien grobschlächtig gestaltet. Krankhafte seelische Störungen, tiefgreifende Bewußtseinsstörung, Schwachsinn oder »schwere andere seelische Abartigkeit« können dazu führen, daß ein Täter das Unrecht der Tat nicht einzusehen vermag oder nach seiner Einsicht nicht handeln kann. Vor allem Wilfried Rasch, ehemals Direktor der forensischen Psychiatrie an der Freien Universität in Berlin, hat auf den Ideologiegehalt und das nationalsozialistische Herkommen des Begriffes der schweren anderen seelischen Abartigkeit hingewiesen.

Am Beispiel Haina

Ich werde über Haina berichten, eine Klinik für gerichtliche Psychiatrie, draußen, nein viel weiter, drinnen, mittendrinnen in der hessischen Provinz. Ich werde zu berichten haben über die Unfähigkeit der Seelenmedizin, der Jurisprudenz, der hessischen Gesundheits- und Sozialpolitik im Umgang mit schuldunfähigen Straftätern.

Rasch hat im Auftrag des Hessischen Ministeriums für Soziales und Gesundheit über »Haina« ein ausführliches Gutachten erstellt. Dieses Gutachten vom 15. Mai 1991 mit über 130 Seiten sollte dazu dienen, am Beispiel einer Psychiatrie eine Art sozialpolitischen Befund zu erheben, zu bewerten, ob man derartige Kliniken vergrößern sollte, und insbesondere auch darzulegen, nach welchen Therapiemustern überhaupt verfahren werden sollte.

Bis zum heutigen Tage ist das Gutachten nicht veröffentlicht. Die Exekutive des Landeswohlfahrtsverbandes (LWV), vertreten durch seinen Beigeordneten Aden, hat unter Verschluß gehalten, Rasch denunziert und grobe Unwahrheiten zur Diskriminierung dieses Gutachtens aufgestellt.

Wer über den Maßregelvollzug berichtet, wird ausgegrenzt

Aus dem Gutachten von Rasch zitiere ich:

»Das Klima in Haina ist entspannt, friedlich. Das Pflegepersonal und die Patienten haben sich miteinander arrangiert. Zwischenfälle im Sinne von Aggressionen gegenüber dem Personal, tätliche Auseinandersetzungen unter den Patienten, Geiselnahme oder Brandstiftungen liegen – soweit sie überhaupt vorkommen – eher unter der Erwartung ihres Auftretens in vergleichbaren Institutionen ... Zieht man den Krankenstand und die Fluktuation als wichtige Indikatoren heran, besteht beim Pflegepersonal offensichtlich eine hohe Berufszufriedenheit.«

Rasch versäumt nicht hervorzuheben, daß das Engagement des Klinikdirektors Dr. Müller-Isberner von wissenschaftlicher Innovation geprägt ist. Es gibt kaum eine andere Klinik der gerichtlichen Psychiatrie, über die soviel publiziert, dissertiert oder habilitiert wurde.

Die Tatsache, daß der Direktor selbst über längere Zeit stationär psychiatrisch behandelt wurde, hat Rasch nicht zum Gegenstand seiner Untersuchung gemacht.

Im Zentrum der Klinik Haina steht ein Stufenkonzept, ein System von Regeln, das es ermöglichen soll, die Patienten zu belohnen oder zu bestrafen, je nachdem, wie weit sie sich entwickelt haben. Diese Stufenkonzepte finden historische Vorläufer im amerikanischen Strafvollzug.

Anfang der 60er Jahre wurden in den amerikanischen Gefängnissen und Gefängnispsychiatrien neue verhaltenstherapeutische Konzepte exemplifiziert.

Am 4. Juni 1963 verfügte der amerikanische Justizminister Robert Kennedy die Schließung eines auf einer Insel vor San Francisco liegenden Hochsicherheitsgefängnisses. In der Kennedy-Ära war das Gefängnis Alcatraz, über dem »der Hauch einer fast russisch anmutenden Rückständigkeit lag«, zunehmend anachronistisch geworden.

Das Jahr 1963 wurde zu einem historischen Datum der amerikanischen Gefängnisgeschichte, in eben diesem Jahr wurde, von Präsident John F. Kennedy inspiriert, der erste Hochsicherheitstrakt neuer Art im Gefängnis von Marion Staat eröffnet. Sehr schnell begann man in Marion Stufenkonzeptionen zu entwickeln, die orientiert waren an den verhaltenstherapeutischen Konzeptionen des Amerikaners Skinner. Ein Avantgardist der Stufenkonzepte war der Gefängnispsychiater Edgar Schein. Im April 1961 formulierte er im »Federal Bureau of Prison«, was er unter »Stufenkonzepten im Behandlungsvollzug« verstehen wollte:

»Mein Hauptargument ist dies: Um einen deutlichen Wandel von Verhalten und/oder Einstellung zu erzeugen, ist es erforderlich, die Zusammenhänge mit den alten Verhaltensmustern und den alten Einstellungen zu schwächen, zu unterminieren und zu beseitigen. Weil die meisten dieser Zusammenhänge in der direkten persönlichen Bestätigung des vorhandenen Verhaltens und in den Einstellungen solcher Leute bestehen, mit denen enge emotionale Bindungen existieren, ist es oft notwendig, diese emotionalen Bindungen zu zerstören ... Ich hätte es gern, wenn man über Gehirnwäsche nicht in Begriffen von Politik, Ethik und Moral dächte, sondern in Begriffen des überlegten Änderns von Verhalten und Einstellungen durch eine Gruppe von Männern, die eine ziemlich vollständige Kontrolle über die Umgebung haben, in der die gefangene Bevölkerung lebt.«[2]

Das klingt dramatisch, und der Leser könnte geneigt sein, meinen Hinweis auf Amerika und den Vergleich mit der hessischen Idylle in Haina für eine banausische Gleichstellung zu halten. Aber eine der Untersuchungen über Haina, die Dissertation von Hans Jöckel[3], bestätigt die Konditionierungsbefürchtungen. Jöckel zufolge wurden die 171 Patienten, die nach dem 1. 1. 1982 aufgenommen wurden, in den folgenden vier Jahren 126 mal zurückgestuft. Rasch stellt zu den Stufenkonzepten fest, daß diese einer Belohnungs- und Bestrafungspraxis nach dem Strickmuster schlichtester Verhaltenstherapien entsprechen.

»Prinzipiell wäre hiergegen nichts einzuwenden, wenn diese Art der Verhaltenstherapie auf das für die Anordnung der Unterbringung entscheidende Verhalten bzw. dessen Behebung gerichtet wäre. Die Sanktionierung von Verhaltensweisen, die außerhalb des Maßregelvollzuges nicht als Straftaten gewertet würden, weist darauf hin, daß das Stufensystem vor allem auf Anpassung innerhalb der Institution zielt. Hierfür spricht auch die Tatsache, daß nur ein geringer Teil der im Maßregelvollzug behandelten Patienten

[2] Schein, Edgar, zitiert nach Roth, Karl-Heinz, *Gehirnwäsche,* 1982

[3] Jöckel, Hans, *Auswirkungen des hessischen Maßregelvollzuges,* Göttingen 1988

tatsächlich in die Freiheit und in ein normales Leben entlassen wird...«[4]

Es ist keine Frage mehr, daß der Maßregelvollzug in der Bundesrepublik beginnt, seine Untergebrachten zu hospitalisieren. Therapiekonzepte der humanistischen Psychologie, der Gestalt-, Körper- oder auch nur Gesprächstherapie spielen in Haina keine Rolle.

Rasch führt hierzu aus:

»Für Haina läßt sich feststellen, daß hier das Stufenkonzept von zentralster Bedeutung ist. Während Therapie in Haina lediglich als Synonym für Arbeits- und Beschäftigungstherapie gebraucht zu werden scheint und die Innovationsversuche, die von Angehörigen des therapeutischen Personals gemacht werden, im pflegerischen Bereich auf Widerstand stoßen, scheint der Stufenplan der Klinik vom klinischen Leiter als einzig akzeptable Möglichkeit propagiert zu sein. Während der Landeswohlfahrtsverband Hessen noch ein 8-stufiges Konzept für Haina propagierte, scheinen heute 4 Stufenkonzeptionen vorherrschend zu sein. Innerhalb der Therapieplanung nimmt die Diskussion über die Einstufung einzelner Patienten einen großen, vielleicht zu großen Rahmen ein.«[5]

[4] Gutachten von Wilfried Rasch, S. 86

[5] Rasch, a. a. O.

Fernsehen als Bestrafung und Belohnung – die Röhre als Machtinstrument? Kein Zweifel, der rückhaltlose Fernsehgenuß verdummt, isoliert und läßt einen zurück in einem Zustand von selbstgewähltem Autismus. Es stellt sich aber die Frage, mit welchem Recht die Einschränkung von Fernsehempfang gegenüber Straftätern oder auch Gemaßregelten mit den Handlungsfreiheiten einer demokratischen Verfassung in Einklang zu bringen ist.

In Haina jedenfalls hat die Direktion begonnen, den Fernsehempfang zu reglementieren, ihn in den verhaltenstherapeutischen Stufenplan einzubeziehen und nur dem angepaßten Internierten ein größeres Maß an Fernsehzeit zuzugestehen. Eine Restriktion, die erst im Jahre 1990 eingeführt wurde, führte zu Petitionen der Patienten, zu einer Auseinandersetzung zwischen dem Sozialministerium als Fachaufsichtsbehörde und dem Landeswohlfahrtsverband. Die Auseinandersetzung führte auch zu einer Entscheidung des Landgerichts Marburg. Hier hatte ein Patient beantragt, ihm den Fernsehgenuß auch über die Uhrzeit 18.45 Uhr hinaus zu gewähren. Das Landgericht Marburg wies das Begehren ab. Der Beschluß umfaßt insgesamt 22 Seiten, wobei allein 15 Seiten eine wiedergegebene, abkopierte Stellungnahme der Anstalt selbst sind. Quintessenz: Unter dem Deckmantel des Heilens ist jede Einschränkung von Bürgerrechten erlaubt.

Der Berliner Forensiker Rasch hat das Gewährungs- und Bestrafungssystem über den Fernsehapparat in seinem Gutachten freundlich, aber in der Sache hart kritisiert. Seine Kritik, die davon ausgeht, daß man therapeutische Möglichkeiten nur in Kooperation und nicht mit Sanktionierung durchsetzen kann, hat zu harten Reaktionen geführt.

Der für die Psychiatrien zuständige Dr. Aden schreibt über Rasch:

»Das Rasch-Gutachten ist es nach unserer Ansicht nicht wert, daß ihm besondere Beachtung geschenkt wird. Dem schließen sich auch namhafte Forensiker in der gesamten Bundesrepublik an (siehe Anlage) ... Wir haben bei der ärztlichen Leitung des Forensischen Zentrums in Lippstadt *recherchiert,* da diese Klinik vor Jahren ebenfalls von Herrn Prof. Dr. Rasch begutachtet wurde. Es wurden uns eben solche katastrophalen Auswirkungen bestätigt. Das Forensische Zentrum hat zwischenzeitlich alle Beziehungen zu Herrn Prof. Dr. Rasch abgebrochen ... Es zeigt sich das nicht zu unterbietende niedrige Niveau des Gutachters. Er scheint sich mit seinen Gutachten regelmäßig nicht viel Arbeit zu machen – trotz der hohen Preise –, da er keine Erhebungen durchführt und ständig auf Unterlagen anderer zurückgreift.«

Der Beigeordnete Dr. Aden sagt die Unwahrheit. Während er versucht, die Ergebnisse des Rasch-Gutachtens über die forensische Psychiatrie in Hessen mit eingeholten Stellungnahmen (Prof. Dr. Nedopil, ein Priv.Doz. Dr. Athen und nicht zuletzt Prof. Dr. Dr. Schumacher aus Gießen) zu diskreditieren, hat die von Rasch seit Jahren betreute, begutachtete Klinik für forensische Psychiatrie in Lippstadt-Eikelborn an das Hessische Ministerium für Jugend, Familie und Gesundheit Stellung genommen.

Ein Dr. Aden ist dort nicht einmal bekannt, geschweige denn, daß irgendwelche Recherchen durchgeführt wurden.

Rasch genießt auch weiterhin hohes wissenschaftliches Ansehen in Eickelborn. Er ist der für ärztliches Personal, Betriebsleiter und Patienten berufene Gutachter und Vertreter. Unterzeichnet ist die Stellungnahme aus Eickelborn, datiert vom 17.2.1992, von der gesamten Leitung der Klinik.

Die Verbandsversammlung des Landeswohlfahrtsverbandes, der Verwaltungsausschuß, allesamt demokratisch gewählte Organe, haben den mysteriösen Dr. Aden schalten und walten lassen. Hinter dem Streit um den Gutachter Rasch, ausgetragen auf dem Rücken der psychiatrisch Untergebrachten, scheinen andere Interessen zu stehen, knallharte Karriereinteressen:

Der Direktor der Gießener Universitätspsychiatrie, Dr. Schumacher, wollte am Ende seines Berufslebens noch gerne eine eigene Gerichtspsychiatrie akademisch leiten, der Leiter von Haina träumt von akademischen Weihen.

Voraussetzung aber wäre der Ausbau von Haina, ein Konzept, dem Rasch widersprochen hat. Er plädiert für kleinere Kliniken mit maximal 100 Betten, im Norden, im Süden und in der Mitte des Hessenlandes.

Rasch plädiert auch dafür, die im Terrain der Gießener Psychiatrie untergebrachte Außenstelle von Haina, das »Feste Haus«, aufzulösen und eine eigene neue Klinik zu schaffen.

Ach ja, das »Feste Haus«: Mittelalter mitten in der Neuzeit, mitten in einer modernen Psychiatrie ein Haus mit Käfigen, Knebeln und Pharmakeulen. Warum die grüne Ministerin für Gesundheit das »feste Haus« noch nie besucht hat, fragte Karl Seelge, dort über Jahre interniert. Vielleicht hat sie es übersehen, es ist ja auch hinter Mauern versteckt, aber das ist nur einer der dümmlichen Irrenwitze, wie der Witz von Lumpi und der Zahnbürste.

Einmal drin, nie mehr raus

Die Einweisungsvorschrift des § 63 StGB ist eine gefährliche Vorschrift. Grundsätzlich ist die Unterbringung nämlich unbefristet. Das kann härter sein als lebenslänglich. Die Strafvollstreckungskammern haben zwar nach § 67 d alljährlich zu überprüfen, ob die Unterbringung noch andauern soll, sie tun dies – wie im Falle Marburg – mit formelhaften, floskelhaften Textbausteinen oder Vordrucken.

Rasch konnte feststellen, daß sich insbesondere in den Jahren 1984 bis 1990 Aufnahmen und Entlassungen keineswegs die Waage hielten, hierdurch bedingt kam es zu ständigen Überbelegungen. Es wird mehr eingewiesen, länger eingewiesen und härter eingewiesen. Der Gutachter mußte feststellen, daß in der Klinik zum Teil über 80jährige Männer gehalten wurden, die vor ca. 30 Jahren ihre Einweisung erhielten und heute ungefährlich sind, aber ohne Heimat.

»In der Klinik finden sich einige Patienten, die vor Jahrzehnten in den Maßregelvollzug eingewiesen wurden (1948, 1963, 1968). Außerdem gibt es unter den Eingewiesenen Männer höheren Alters, z.B. geboren 1913, von denen kaum eine Gefährlichkeit für die Allgemeinheit zu erwarten ist.»

Die landläufige Meinung, daß ein Schuldunfähiger, einer mit »Jagdschein«, wie mein Großvater gesagt hätte, fein heraus ist, ist daher eine durch nichts zu belegende Alltagstheorie. Die juristische »Beruhigungstheorie«, da werde an der Heilung und Genesung von kranken Rechtsbrechern gearbeitet, dient nur der Beruhigung eines schlechten Richtergewissens.

Weder Rechtsstaat noch Gerechtigkeit

Das geflügelte Wort von Bärbel Bohley, man habe da etwas erwartet, aber anderes dafür bekommen, diese Enttäuschung über den *Rechtsstaat* anstelle von *Gerechtigkeit*, ist Ausdruck der Seelenlage eines okkupierten Volkes. Zugleich zeigt sich in der so formulierten Alternative ein großes, demokratisches Mißverständnis. Es ist ein deutsches Problem, denn *Rechtsstaat* ist ein deutsches Wort, in keine andere Sprache übersetzbar.

Der Wunsch der Bürgerrechtlerin Bohley nach *Gerechtigkeit*, mithin nach einer moralischen, allenfalls naturrechtlichen Kategorie, kann weder vom autoritären noch vom demokratisch konstituierten Staat erfüllt werden. Der Wunsch bleibt so lange Gedanke, wie er nicht losgelöst wird vom Staat und als eine Eigenschaft im bürgerlichen Zustand als »status civilis« begriffen wird, statt als Tugend.

Bärbel Bohley hat dem *Rechtsstaatsprinzip* den Ehrenschutz zu verdanken. Besser: Sie hat dem (west)deutschen BGH (NJW 1961, 1914) zu verdanken, daß er – dieser biedere Männerverein – die Auffassung vertritt, der Ehrenschutz sei materialisierbar, insbesondere, wenn die Ehre in der Berichterstattung diskreditiert wird. Daraus folgt Anspruch auf Schadensersatz. Frau Bohley hat vom Rechtsstaat Gebrauch gemacht. Für die Fotomontage, die sie und den Bundeskanzler kopulierend auf dem Titelblatt der (ost)deutschen Zeitschrift *Eulenspiegel* abgebildet hat, erhält sie eine fünfstellige Geldsumme zur Kompensation und Satisfaktion. Mit Gerechtigkeit hat das noch nichts zu tun, aber viel mit dem, was rechtlich normiert und damit Rechtsstaat ist.

Ausgezeichnet hat die DDR neben anderen Eigentümlichkeiten, daß es keine rechtlich verbriefte Rechtsweggarantie gab. Die im Grundgesetz in Artikel 19, Abs. 4 festgeschriebene Möglichkeit, daß »jemand, der durch die öffentliche Gewalt in seinen Rechten verletzt ist«, den Rechtsweg beschreiten kann, ist eine rechtsstaatliche, nahezu demokratische Regelung. Freiheit, Gleichheit und Brüderlichkeit soll dieser Rechtsweg garantieren. Er beginnt in der Regel – aus der Sicht der gesamtdeutschen Bürger – bei den Amtsgerichten. Würde man aber eine richtersoziologische Untersuchung über den Zustand dieser »ersten Instanz« in den sogenannten »neuen Bundesländern« durchführen, so stieße man auf ein merkwürdiges Konglomerat von jungen, karrieresüchtigen Westrichtern oder Assessoren, die der Note wegen in der westdeutschen Justiz keine Planstelle bekommen hätten. Daneben die älteren Damen mit hochgesteckten Frisuren, die im Schnellkurs das Besatzerrecht einübten und jetzt judifizieren; auch die stillen älteren Herren aus der inneren Emigration, Mitglieder der alten Blockparteien. – Da wird Rechtsstaat geübt und ängstlich betrieben. Die Regel sagt: Wer Angst hat, ist repressiv, zumindest gegenüber den kleinen Leuten; von ganzem Herzen deutsch.

Aber, was heißt »deutsch«? Was hat zu dieser verdammt deutschen Verdoppelung ungünstiger Eigenschaften geführt? Was hat aus der Wiedervereinigung ein Land werden lassen, in dem das ›Volksempfinden‹ unentwegt ›völkische‹ Identifikation beschwört – ein Land, das zuletzt doch ein Land *zweier* Völker und vieler Klassen bleiben wird.

Der Philosoph Ulrich Sonnemann – geflohen vor den Nazis nach Amerika und zurückgekehrt erst Ende der 50er Jahre – hat sich auf die Spur gemacht: Seine Aufgabe war es, den psychohistorischen und rechtsnihilistischen Besonderheiten der Deutschen nachzugehen.

Die zentrale Kategorie – besser der Schlüssel zum Verständnis deutscher Befindlichkeiten – liegt noch immer im Prozeß der großen Verdrängung. Ob Täter oder Mitläufer, in jedem Falle ist Opportunismus weder in der »demokratischen Besatzungsphase nach 1945« noch in der »gesamtdeutschen Kolonialisierungsphase nach 1989« eine gesellschaftlich gelobte Haltung gewesen. Der Volksmund sagt es: »Der schlimmste Mann im ganzen Land, das ist und bleibt der Denunziant.« – Aber man spricht nicht darüber. Die Partei ist tot, man ahnt sie noch, sie versteckt sich in den alltäglichen Verhaltensweisen nicht nur ehemaliger Mitglieder.

Seit 1994 leite ich ein mittelständisches Unternehmen. Es liegt im Norden Thüringens, nahe der früheren innerdeutschen Grenze. Hier arbeiten 240 Menschen unter meiner Intendanz am Produkt »Theaterkunst«. Etwas rechtsstaatlicher Umgang ist eingezogen, wir üben uns in den Regeln des deutschen Tarifwesens. Von demokratischer Kultur einer Zivilgesellschaft sind wir hier weit entfernt.

– Gerade vier Wochen im Intendantenamt, hat man mir mitgeteilt, die vertraglich garantierten Subventionssummen seien nicht so ernst gemeint.

– Wenig später hat der ehemalige CDU-Bürgermeister mich abgehört. Er ließ meine Rede auf einer nicht-öffentlichen Betriebsversammlung mitschneiden und verteilte das Manuskript im Nordhäuser Stadtparlament.

Aufgeregt hat sich darüber keiner. Selbst die Oberbürgermeisterin, hoffnungsvolle Trägerin der Demokratie und künftige Präsidentin des Evangelischen Kirchentages in der Bundesrepublik, schwieg zu diesem Sachverhalt. Anstand läßt sich nicht erzwingen, und Demokratie ist auch ein Bewußtseinsprozeß.

– Damit nicht genug. Einige Monate später hat das Stadtparlament den Lauscher sogar mit den Stimmen einer großen Koalition aus CDU, PDS und SPD in den Aufsichtsrat des Theaters gewählt. Aus dem Mann ist ein ehrenwerter Kontrolleur geworden.

Schließen wir die Akten. Verdrängen wir erneut die Geschichte. Wenden wir uns dem Alltag zu?

»Gehen Sie doch rüber, wenn es Ihnen hier nicht paßt«, dröhnt der Theatercasinowirt, übrigens Sohn des ehrenwerten Kontrolleurs. Ich kenne solche Sprüche genau, ich kenne diese Melodie seit 1968: Es spricht die deutsche Reaktion.

– Um mein Theater herum grunzt das *Mißverständnis Freiheit*.

»Ich möchte keine Schwulenszenen, und auch Auschwitz gehört nicht in die Operette«, sagt der Kulturdezernent. Gleich um die Ecke befindet sich das ehemalige Konzentrationslager Mittelbau Dora.

Herr Sonnemann hat sich auf die Suche gemacht. Was geschah nach 1945? Alles Verdrängte, alles Nichtverarbeitete kehrt zurück. Es unterliegt einem kollektivem Wiederholungszwang. Wir leben in einer Verdrängergesellschaft. Die *aufoktroyierte Demokratie* läßt in ihrer Sozietät Menschen entstehen, die Gerechtigkeit nicht leben können, weil dies eine Frage des bürgerlich-demokratischen Anstandes ist. Diese Form der gesamtdeutschen Demokratie, in der wir leben, läßt auch Freiheit nicht entstehen, weil sie immer noch die Freiheit der Andersdenkenden tief mißachtet.

Besatzer verlieren ihre demokratischen Tugenden so schnell, wie die Besetzten ihre demokratischen Ideale aufgeben. An die Stelle demokratischer Vision ist im Osten larmoyante »Vergangenheitsbewältigung« getreten. Im Westen herrscht die Überheblichkeit der Sieger. Sie hat bereits den letzten Kioskbesitzer in Lindau und den allerletzten Taxifahrer am Hauptbahnhof in Mannheim ergriffen. Und sie haben der im Osten untergegangenen Sozietät nur die eine, verlogene Ideologie entgegenzusetzen: »Jeder ist seines Glückes Schmied.«

Bei mir in der Stadt – dort, wo mein Theater steht – funktioniert sie in aller Stille, die reaktionäre Koalition, über die Parteigrenzen von PDS und CDU hinweg. Jenseits von Sachsen-Anhalt haben Deutsche sich gefunden, machen Politik, Bebauungspläne, Leasingverträge und Kulturkonzepte. Und alle glauben, daß sie Demokratie praktizieren. So werden die Ossis ein zweites Mal betrogen. Die politische Elite gaukelt ihnen vor, das Produkt sei schon da, es fehlten nur noch die Produzenten.

Daß Erledigtes vergessen wird, scheint den Umkehrschluß nahezulegen, nichts werde vergessen, es habe denn zuvor sich erledigt. Seit Sigmund Freud uns zwischen Vorgängen von abgründiger Gegensätzlichkeit unbescheiden lehrte, deren Differenz unser eines Wort *Vergessen* so wenig eingestehen möchte, daß es hier wieder verwischt, wissen wir, daß es nur ein einziges Mittel gegen das Verdrängte gibt: beim Individuum im neurotischen Zustand eine erinnernde, rekonstruierende Therapie; gesellschaftlich als Heilmittel hilft nur ein Prozeß, in dem Öffentlichkeit sich konstituiert. Nur dort kann Rechtsstaat, könnten Rechtsstaat und Gerechtigkeit Verdrängtes im Wiederholungsfall verhindern.

Aber: Wir haben es schwer, wir tun es uns schwer, wir Deutsche. »Denn«, sagt Ulrich Sonnemann, »das Scheitern von Öffentlichkeit in Deutschland und dasjenige der deutschen Geschichte sind eins.«

Die Gesellschaft der DDR, die Sozien, die Assoziierten des autoritären Staates, des »deformierten Arbeiterstaates«, haben es nicht gelernt, »kritische Öffentlichkeit« zu bilden, geschweige denn, sie zuzulassen. Sie haben nie gelernt, Gegenmeinung zu organisieren, damit Kommunikation entsteht. Auch im Westen ist nach einem »kurzen Frühling der Anarchie« kritische Öffentlichkeit unattraktiv geworden. Und wie soll man Unattraktives anderen schmackhaft machen?

So stehen wir beieinander, wie verlorene Brüder und Schwestern, haben uns nach so kurzer Zeit schon nichts mehr zu sagen. Da wir das Schweigen nicht aushalten, finden wir zu unseren Eigennamen zurück: »Ossi«, »Wessi«, »Wossi«, »Wobbi«, »Mobbi«.

Da die politische Elite dieses Landes den Prozeß der Wiedervereinigung versagt hat, bleibt es Aufgabe der Kunst, das Reich der Freiheit zu verteidigen.

Ich spreche vom Normbereich der Kunstfreiheit, niedergeschrieben im Artikel 5 Absatz 3 eines gesamtdeutschen Grundgesetzes: »Kunst und Wissenschaft, Forschung und Lehre sind frei ... Die Freiheit der Lehre entbindet nicht von der Treue zur Verfassung.« Interessanterweise ist hier ausschließlich von der Lehre die Rede. Die Kunst bleibt in unserer Verfassung uneingeschränkt. Ihr bleibt die Radikalität.

– »Keine schwulen Sachen mehr und kein Auschwitz in der Oper«, sagt der Kulturdezernent und stellt alles unter Finanzvorbehalt.
– Ein von mir in Auftrag gegebenes Plakat sollte am Theater ausgehängt werden: »Soldaten sind Mörder.« Dies stieß auf Widerstand im eigenen Haus.
– Die Kunstfreiheit eines Intendanten findet ihre Grenze am »gesunden Volksempfinden« eines Kulturdezernenten und am Urteil seiner Schauspieler. Soviel zur Kunstfreiheit, soweit von Rechtsstaat und Gerechtigkeit.

Die Katastrophe, die in der Zerstörung von Atlantis ihr vorläufiges Ende fand, wird in der Atlantis-Literatur einem Meteoriteneinschlag zugeschrieben. Übersehen haben die Prähistoriker den Verfall der atlantidischen Einheit: eines Vorboten der Apokalypse. Sechs Jahre nach der Wiedervereinigung haben sich einige verlumpte Gestalten auf die Suche nach Atlantis gemacht. Schauspieler und Gaukler sollen darunter sein, Menschen mit Büchern und vergilbten Schriften unter dem Arm. Sie streichen durch den Harz am Fuße des Brocken: »Wir haben den Verdacht, daß die gegenwärtige Anfälligkeit für die Apokalypse und für die Unfähigkeit zu einer demokratischen Nation in einer Korrespondenz zu der Narbe steht, die der Untergang von Atlantis im Gedächtnis der Erdbewohner hinterlassen hat. Die Wunde, die der Narbe vorausging und schlecht vernarbt ist, könnte den kollektiven Wiederholungszwang nach sich gezogen haben, das Schreckliche zu machen, weil man es nicht erträgt, daß es geschah.« So spricht der Atlantis-Forscher Ulrich Sonnemann über die gesamtdeutsche Einheit. Und der Theaterdirektor bleibt ratlos zurück.

Perikles und das Shakespeare-Komplott

> In unserem frühesten Erlebnis des Begehrens,
> dem der Identifizierungsliebe, scheinen Kräfte,
> die später unversöhnlich aufeinanderprallen,
> auf eine magische Art zu harmonisieren:
> Eros und Loslösung, Idealisierung des anderen
> und Selbstständigkeit sind auf eine einzigartige
> Weise verschmolzen.
> *Jessica Benjamin*[1]

Die Auffassung, daß Zeit, im menschlichen Erleben der absoluten Vergänglichkeit unterworfen, unwiederholbar in etwas verrinne, was der Wiederkehr nicht zugänglich, fand ihren materiellen Ausdruck in einer Erfindung unserer Tage: der Digitaluhr am Handgelenk des eiligen Zeitgenossen.

Nur zwei Jahre später ließ sich jedoch beobachten, daß die Digitaluhr nach einem jähen Marktboom plötzlich verschwand. Vielleicht rechtfertigt dieses Verschwinden die zögernde Hoffnung, daß dem Empfinden von Zeit als einer Kreisbewegung wieder Platz eingeräumt wird. Zeit und Raum können auch im Alltagsbild zueinander finden, so daß die Zeiger der Uhren eine 360-Grad-Drehung vollziehen und dahin zurückkehren, von wo sie gestartet sind. Dies bis in die Unendlichkeit, richtiger, solange die Batterie die Stromversorgung aufrechterhält.

Als den Menschen des sich neuzeitlich expandierenden

[1] Väter und Töchter, in: *Psyche 1995*, S. 406

Oberitaliens der Glockenschlag vom Kirchturm nicht mehr genügte, weil im täglichen Rhythmus die Einteilung des Tages in immer kleinere, allgemein definierte Zeiteinheiten erfolgen sollte, da begann Neuzeit sich zu entwickeln. Die Bewegungsamplitude von Arbeitszeit und Freizeit, die menschlichen Verkehrsformen, begannen sich radikal zu ändern.

Die erste mechanische Uhr wurde im Jahre 1309 in Mailand montiert. Es verging nur wenig Zeit, bis auch die anderen Städte Europas über öffentliche Zeitmesser verfügten.[2]

Dann tritt unser Held auf die Bühne. Seine Geschichte ist die Geschichte einer langen Reise, es ist die Geschichte von Raum und Zeit; einer bricht auf und landet wieder dort, wo er angefangen hat: unverschuldetes Schicksal.

Das Schauspiel *Pericles* erscheint (1609) als sogenannter Quarto-Druck unter dem Namen Shakespeares. Da es 1623 nicht in der Folio-Ausgabe sämtlicher Shakespeare-Dramen erscheint, zweifelte man von Anbeginn, ob es denn überhaupt ein Shakespeare sei.

Das Material für die Geschichte stammt aus einem lateinischen Prosaroman »Appollonius von Tyrus«, geschrieben in der Art hellenistischer Abenteuerromane. Erzählt wird die Legende vom Prinzen Perikles, der an den Hof des Königs Antiochus gerät. Der König hat eine wunderschöne Tochter.

Im Programmheft des Berliner Ensembles zur Inszenierung *Perikles* heißt es:

[2] Cipolla, Carlo M. (Hrsg.), *The Fontana Economic History of Europe. Middle Ages*, London 1973

»Pericles, Prinz von Tyrus, will am Hof des mächtigen Königs Antiochus das Rätsel von dessen geheimnisvoller Tochter lösen, an dem schon Dutzende junger Ritter vor ihm gescheitert sind – ihre blutverkrusteten Schädel, genagelt an die Mauern der schweigenden Stadt, starren herab auf den schattenlosen Platz vor dem Palast. Die Lösung des Rätsels rührt an die Ordnung der Götter: Antiochus schläft seit dem Tod seiner Frau mit der eigenen Tochter.«[3]

So scheint das Geheimnis der Prinzessin, wie alle großen Rätsel der individuellen oder einer repräsentativen Biographie, weniger mit Hilfe der logischer Erklärungen zu lüften als mit dem Gespür für tabuisierte Themen. Für Perikles stellt sich die Frage, wie er den Kopf, seinen eigenen, aus der Schlinge ziehen kann, denn löst er das Rätsel in aller Öffentlichkeit, wird er hingerichtet. Löst er es nicht, kostet auch das ihn das Leben.

Shakespeare entnimmt sein Material einer Verserzählung des englischen Dichters John Gower, der in der zweiten Hälfte des 14. Jahrhunderts lebte und im *Perikles* als Bänkelsänger oder Conferencier auftritt. Gleich zu Anfang des Dramas gibt Gower das Inzestgeheimnis preis:

Nun, dieser König nahm ein Weib,
Die starb, doch blieb von ihrem Leib
Eine Prinzessin, wunderschön,
Wie ein Gebild aus Himmelshöhn.
Ihr Vater, der in Lieb entbrannte,

[3] *Perikles* gehört zu den selten inszenierten Shakespeare Dramen auf deutschen Bühnen. Der Brecht-Schüler Peter Palitzsch hat nach seiner Rückkehr an das Berliner Ensemble die Spielzeit 1992/93 damit eröffnet. Für die Redaktion des Programmheftes zeichnete Holger Teschke verantwortlich.

Verführte sie zur ärgsten Schande.
Ein böses Kind, der Vater schlimmer,
Zu tun, was man doch tun sollt nimmer.
Dann machte die Gewohnheit bald,
Daß es nicht mehr als Schande galt.[4]

In Palitzschs Berliner Inszenierung ist das Publikum darauf nicht vorbereitet. Das Geheimnis wird nicht preisgegeben. Gowers Prolog deutet den Inzest an, und die mißbrauchte Tochter singt ihr Rätsel in einem schwer verständlichen englischen Originaltext:

I am no viper, yet I feed
On mother's flesh which did me breed.
I sought a husband, in which labour
I found that kidness in a father.
He's father, son an husband mild;
I mother, wife, an yet his child:
How they may be, an yet in two,
As you will live, resolve it you.[5]

Die Thematisierung des Inzests im 14. Jahrhundert, aufgearbeitet von William Shakespeare zu Beginn des 17. Jahrhunderts, könnte Verwunderung stiften.[6]

»Hier in Pericles (durch Gowers Prolog) ist die Lösung schon vorweggenommen, denn die Situation, auf die sich

[4] Shakespeare, in der Übersetzung von Erich Fried, Band 3, Berlin 1989

[5] so die Übersetzung von Holger Teschke (S. 4) im unveröffentlichten Manuskript der Theaterübersetzung »Perikles«, Berlin 1992

[6] so hat Jan Kott (*Shakespeare heute,* Frankfurt 1967) sich weitgehend einer Perikles-Besprechung enthalten.

das Rätsel bezieht, ist berichtet worden. Der König lebt mit seiner schönen Tochter in Blutschande, und um sie nicht herzugeben, hat er diese Märchensituation erfunden. Aber unvorsichtigerweise bezieht sich das Rätsel, das er den Bewerbern aufgibt, gerade auf die Situation selbst, die er doch mit allen sonstigen Mitteln zu verbergen strebt.«[7]

Was mich an dieser Beschreibung stört, ist das Wort unvorsichtigerweise. Naumann interpretiert die Szene, als sei der Zustand, mit dem Perikles konfrontiert wird, durch eine Unachtsamkeit hervorgerufen worden. Das ist falsch. Der Zustand am Hofe des Antiochus ist der Zustand eines offenen Raumes, der Aufklärung, zugleich aber auch Allmacht eines tabuisierten Lebens, beim Namen genannt, aber nicht wirklich denkbar, keine zugelassene Realität, ein psychopathologischer Zustand, dem Verschleierung und Verdrängung folgen.

Wie aber kann der Aufklärer Perikles dem Tod entgehen? Kann er ihm überhaupt entfliehen?

Shakespeare schreibt »unpsychologisch«, behauptet Peter Palitzsch[8]:

Wenn einer auf der Bühne sein oder wenn einer verschwinden soll, wenn Shakespeare sich eine bestimmte Aktion oder einen Gestus wünscht, dann macht das der Dramatiker ausschließlich von einer beabsichtigten Handlung abhängig.

Perikles flieht vom Hof des Antiochus. In seinen Worten scheint Unterwerfung zu liegen:

[7] Naumann, F., *Shakespeare,* München 1967, S. 475

[8] Notate zur Perikles-Inszenierung vom 26. Oktober 1992

»Wer darf Zeus sagen, daß Zeus ein Tyrann ist?
Umstürzend all seine Gesetze und
Spuckend auf jede Ordnung lachend?
In seine Betten schleppt Kind, Tochter, Mutter?
Ein jeder liebt den Schoß, aus dem er kroch.
Erlaub, daß meine Zunge meinen Kopf liebt.«[9]

Perikles ist also doch ein Opportunist, allenfalls ein Taktiker, nur eine vorübergehende Erscheinung, bisweilen stille, bis er seine Kräfte gesammelt hat? Ist die Geschichte gar eine Metapher auf den alten Intendanten, der, aus dem Osten geflohen, über Skandinavien und Westdeutschland wieder zurück an den Ort seiner Geburt kommt, Palitzsch der eigentliche Perikles? Jan Kott schweigt sich über Shakespeares Perikles aus. Neuere Publikationen über die Identität Shakespeares, so man sie ernst nehmen kann, nehmen Perikles nicht zur Kenntnis.

Klier stellt in seinem Band »Das Shakespeare-Komplott« hinsichtlich der Identität des Meisters eine neue, freilich wenig belegte Hypothese auf. Er sieht Beweise dafür, daß der 17. Graf von Oxford, Edward de Vere, Großkämmerer des Reiches, zeitweiliger Favorit Elizabeth I., der eigentliche Dramatiker, der wirkliche Shakespeare gewesen sei.

Seit Beginn des 19. Jahrhunderts hat man sich immer wieder mit Shakespeares realer Person beschäftigt, »weil das, was er geschrieben hat, in keinem beweisbaren Kontext zu stehen scheint zu dem, was von ihm als Privatmann und Staatsbürger bekannt ist«.[10]

[9] so in der Übersetzung von Teschke, S. 5
[10] Rudolf Augstein, Brüchige These, in: *Spiegel 1994,* Heft 8, S. 187

Insgesamt gibt es mindestens 57 Figuren, die als geheimer Shakespeare gehandelt werden.

Shakespeare, der ja nun nachweislich als Schauspieler existierte, starb 1616, während Edward de Vere bereits im Juni 1604 an der Pest ums Leben kam.

Was also ist mit dem sogenannten späten Shakespearewerk von »Antonius und Cleopatra« bis zum »Sturm«? Ein dritter Autor oder aber von de Vere vor dem Tod versteckt?

Das Jahr 1606 ist überliefert als ein produktives Jahr für Shakespeare. »Macbeth« und »Perikles« wurden da geschrieben und es folgen »Cymbeline« (1609), das »Wintermärchen« und der »Sturm« (1610/1611).

Über Perikles schweigt sich der Rechercheur Klier aus, und seine Analyse, der Autor des »Sturm« habe sein Material aus Sir Walter Raleighs (1591) »Reiseberichten über Stürme bei den Bermudas«[11], mag zwar einen Hinweis auf die Möglichkeiten früherer Bearbeitungen geben, weist aber nicht zwingend auf eine andere Autorenschaft.

Augstein führt Zeugen an. Maria Stuarts Sohn, Jakob I., hatte in London 1604 aus der Truppe des Lord Chamberlain »the king's own troup of players« gemacht. Shakespeare war darunter. Was zwar Beweis für seine Existenz, aber nicht auch für die Autorenschaft seiner Dramen ist. Augstein folgert weiter: »Konnte schon Elizabeth I. schwerlich Zweifel daran haben, wer die Stücke, die bei Hofe aufgeführt wurden, geschrieben hatte, so gilt das erst recht für ihren Nachfolger Jakob.«[12]

Jakob I. war ein gebildeter Anglist und zugleich selbst

[11] Klier, a. a. O., S. 74

[12] Augstein, a.a.O., S. 189

publizierender Poet. Zwar gibt es bei ihm keine historischen Belege für ein Inzestverhältnis, aber Hinweise auf seine abgöttische Liebe zur Tochter Maria. Was also hat »Perikles« da am Hofe gespielt und vorgespielt? Ist nicht Shakespeares Bearbeitung doch eine politisch aktuelle Parabel über den sexuellen Mißbrauch?

Perikles jedenfalls wird Teil eines gigantischen Komplotts. Hier das Thema einer großen Liebe zwischen Vater und Tochter, dort die Bewährung des Helden, der unverschuldet in größte Gefahr gerät. Perikles wird in die Welt geworfen und kommt nahezu darin um. Er verliert alles: Frau und Kind, sein Königreich und im Grunde auch seine Identität. In einem halbwachen Zustand vegetiert er in großer Trauer. Bis das junge Mädchen Marina ihn erlöst. Er droht ihr zu verfallen; Palitzsch inszeniert nahezu die Duplizität eines sich wiederholenden Inzests, jetzt Jahrzehnte später zwischen dem alten Perikles und der unerkannten Tochter, die als tot galt, bis, bis der alte Mann, der jetzt Antiochus werden könnte, zu Sinnen kommt.

Perikles durchbricht die Determiniertheit. Manchmal vollzieht sich Entwicklung, und wenn es nur in der Verweigerung der vermeintlichen Geschichte besteht. Was rettet ihn? Wer rettet Perikles und uns? Die Antwort ist banal. Bei Shakespeares Figuren hat es etwas mit dem Zustand der Wachheit zu tun. Bei Perikles geht es um »die Bewährung des vollkommenen Helden«.[13] Gibt es die Wahlfreiheit des Subjekts, seiner Determiniertheit zu entrinnen? Man braucht schon einen, der einen rettet. Der Name ist gleichgültig, kann sein, daß er Shakespeare heißt: unpsychologisch und voluntativ zugleich.

[13] Naumann, a.a.O. S. 477

Über das Ende des Strafvollzugs

In einem meiner Seminare »Über die Unterbringung psychisch kranker Rechtsbrecher« stellt eine Studentin die nachfolgende These auf:

Durch geschickte Argumentation wird der § 64 StGB von Rechtsanwälten, Ärzten und Psychologen zum Vorteil der Straffälligen mißbraucht. Diese bleiben so vor längeren Haftzeiten verschont, weil sie die Therapie im Maßregelvollzug der Strafvollstreckung verständlicherweise als kleineres Übel vorziehen.

Die Provokation, durchaus didaktisch gesucht und gefunden, sitzt. Ich merke, wie ich innerlich beginne, mich zu rechtfertigen. Angegriffen bin ich als Strafverteidiger, der, wenn sein Mandant schon eine Strafe bekommen wird, eine möglichst niedrige herausholen will.

Angegriffen bin ich aber auch als Lehrer und Wissenschaftler, als einer, der meint, an der Abschaffung der Strafeinrichtungen zu wirken.

Im weiteren Verlauf dieser Veranstaltung beginnt eine junge Frau zu weinen, sie wirft mir vor, daß ich ausschließlich die Täter in Schutz nähme und sie vor Strafe bewahren wolle. Ihr Sohn war einige Jahre zuvor von einem brutalen und schulduneinsichtigen LKW-Fahrer im Straßenverkehr getötet worden.

Wie auch immer ich über die Funktion von Gefängnis

und Psychiatrie referiere, selbst in kritischen Kreisen, zu denen ich »meine Studenten« zähle, bleibt, wenn nicht der Ruf nach Rache, so doch der nach Gerechtigkeit.

Mathiesen hat in der *Gefängnislogik*[1] die Rückkehr der kriminalpolitischen Diskussion zu Gerechtigkeitskonzeptionen als einen Zirkelschluß beschrieben, so, als stünde beim Niedergang der Theorie(n) über die »defense sociale« der Neubeginn der vermeintlich voraufklärerischen Gedanken über die Quantifizierung der Schuld.

Der Gedanke, daß Schuld aufrechen- und berechenbar sei, drückt sich ja auch aus im Bild der »Justitia« mit ihrer Waage. Es gibt eine volkstümliche Ideologie des berechenbaren Schuldausgleichs, getreu dem alttestamentarischen Prinzip »Auge um Auge«.

Wenn Mathiesen sich der Opferperspektive widmet und feststellt, es sei zutreffend beschrieben, daß durch kriminelle Handlungen andere verletzt werden, jedenfalls wenn Kriminalität sich auf die Individuen bezieht, daß zugleich die Verursacher solcher Handlungen im Gefängnis ebenfalls Verletzungen erfahren, die Verletzungsarten aber nicht vergleichbar seien, greift er dieses Bild vom quantifizierbaren, vom symmetrischen Gerechtigkeitsempfinden als einem im Schuldausgleich verhangenen Strafmodus an.

[1] Mathiesen, Thomas, *Gefängnislogik*, Bielefeld 1989, S. 122

Zugleich richtet sich sein Angriff gegen ein Denken, besser ein Fühlen, in dem die tiefe Sehnsucht nach Ausgleich, nach dem »Es ist wieder gut« beheimatet ist.

Es ist kein Zufall, zumindest historisch gesehen keine Zufälligkeit, wenn mit Beginn der Neuzeit, mit der Einrichtung öffentlicher Zeitmesser in den europäischen Großstädten noch einmal die Körperstrafe ihre Renaissance feierte, um alsbald in den ersten Formen der körperlichen Verwahrung, der Entstehung der Un-Zeit, der toten Zeit aufzugehen. Der neu eingeläutete Rhythmus, der Wunsch der Menschen, ihre Tage in kürzere Intervalle einzuteilen, »wegen gewisser geschäftlicher Verpflichtungen und Termine«, fand später seinen perfekten und uniformen Ausdruck im Gefängnis[2], als Antizipation künftiger Taylorisierung.

»Die grundlegende Prämisse für die Konzeption einer proportionalen Gerechtigkeit«, führt Mathiesen in der »Gefängnislogik«[3] aus, »auf der Grundlage des Gefängnisses besagt, daß der an die Straftat geknüpfte Strafwert sich in Entzug von Zeit bemessen läßt.«

Die Legitimation dafür knüpft an die Auffassung an, Zeit sei eine absolute und objektive Größe, auf einer Ratioskala meßbar. Daraus wiederum folgt die Erwartung, die verhängte Zeit-Strafe könne die Zeit-Schuld des Täters kompensieren.[4]

[2] vgl. Holl, Adolf, *Franz von Assisi,* München 1979

[3] a. a. O., S. 153

[4] BVerfGE 45,259; BGH 1,70;2,88;7,28

Dieser Zeitbegriff ist aber spätestens seit der populärwissenschaftlichen Darstellung von Hawkings *Kurzer Geschichte der Zeit*[5], besser seit seinen Erkenntnissen über »die Zeit«, im Grunde seit den Einsteinschen Axiomen, nicht mehr aufrechtzuerhalten, denn Zeit ist relativ und subjektiv unterschiedlich erlebbar.[6]

Aristoteles und Newton glaubten an eine absolute Zeit, daran, daß ein Zeitintervall zwischen zwei Ereignissen eindeutig bestimmbar und die vergangene Zeit stets dieselbe bleibe, unabhängig davon, wer sie messe.

»Nach dieser Auffassung ist Zeit getrennt und unabhängig vom Raum. Die meisten Leute würden ihr wohl zustimmen; aus der Sicht des gesunden Menschenverstandes spricht nichts dagegen. Doch wir waren gezwungen, unsere Vorstellungen von Zeit und Raum zu ändern.«[7]

Ebenso wenig läßt sich die Quantifizierung von Schuld unabhängig von der jeweiligen Moral und anderen Variablen einer Gesellschaft bestimmen.

»Die Bedeutung der Freiheitsstrafe ist deshalb moralisch und perspektivisch subjektiv. Dies wird durch die enormen internationalen Unterschiede hinsichtlich der Bedeutung der Freiheitsstrafe bestätigt. Wäre die Freiheitsstrafe eine objektive Größe, würden sich auch die unterschiedlichen Nationen einem identischen Strafniveau nähern.«[8]

[5] Hawking, Stephen W., *Eine kurze Geschichte der Zeit.* Hamburg 1988, insbesondere das Kapitel »Raum und Zeit« S. 29ff

[6] vgl. insbesondere Jean Piaget, *Die Bildung des Zeitbegriffs beim Kind*, Frankfurt 1974

[7] Hawking, a.a.O., S. 33

[8] Mathiesen, a.a.O., S. 154

Ein weiterer Beleg für die Relativität von Zeit und Sanktion liegt in den unterschiedlichen Normierungen über den Beginn der Strafmündigkeit von Kindern und Jugendlichen in den jeweiligen Kulturen.

So, als habe für einen kurzen Moment der Bundesgerichtshof[9] sich mit der Relativität der Zeit befaßt, ließt man in einer der ersten Entscheidungen über Strafzumessung und AIDS-Erkrankung, daß »ein Ausgleich der Schuld unter Umständen auch durch eine geringere als die sonst schuldangemessene Strafe« erreicht werden kann.

Da schwingt weniger Gnade mit, als der Gedanke, daß, wenn alles, das Leben nämlich, absehbar kürzer wird, der Topf, in dem Ausgleich stattfindet, kleiner zu bemessen ist.[10]

Entscheidender, auch unter strategischen Gesichtspunkten, ist Mathiesens Erkenntnis, daß der Kern der Freiheitsstrafe zuallererst Übelzufügung und Machtausübung ist, die Mischung aus alltäglicher und systematischer Demütigung.[11]

Nur die Prämisse, daß dies immer wieder geleugnet, daß der Angriff auf das gefangene Subjekt im Einzelfall als Ausrutscher begriffen wird, läßt Legislative und Dritte Gewalt an der Ideologie von der Ratioskala festhalten.

[9] *StrafVerteidiger* 1987, S. 345

[10] vgl. auch die Besprechung von Schoreit zur s.g. Honecker-Entscheidung des Berliner Landesverfassungsgerichts in: *NJW* 1993, Heft 14

[11] Nix, Christoph, Rundfunkmanuskript »Über alltägliche und systematische Demütigungen im Strafvollzug«, HR I, 6.11.1985

Sind meine Studenten mithin nichts anderes als Opfer dieser Ideologie, ist ihnen mit dem Konzept der Aufklärung, wie es auch von Mathiesen und anderen Abolitionisten vertreten wird, überhaupt beizukommen?

Ist die Hoffnung auf irdische Gerechtigkeit im Grunde nichts anderes als die Kehrseite der Medaille, die Unfähigkeit, verzeihen zu können, und damit ein zuallererst individual-psychologisches Problem?[12]

Mathiesens Erkenntnis über den Zirkelschluß der Gerechtigkeitstheorien geht einher mit der Erkenntnis, daß das Bewußtsein des einzelnen im sich abschottenden Europa am Ende des Zweiten Jahrtausends auf Utopieverlust und Ausgrenzung ausgerichtet ist.

Lebens- und Legitimationskrisen

So scheinen wir wieder weit davon entfernt, das Gefängnissystem überhaupt in Frage stellen zu wollen.

Der Kriminologe Karl F. Schumann formulierte in der Mitte der siebziger Jahre negative Reformthemen:

– die Verhinderung differenzierter Kontrollstrategien (den weiteren Ausbau von Untersuchungshaft und Überhaft),
– die Verhinderung neuer Kontrollstrategien (z.B. für straffällige Mütter durch den Ausbau von Mutter-Kind-Häusern im Knast),

[12] Tausch, R., Verzeihen: die doppelte Wohltat, in: *Psychologie Heute* 1993 Heft 4, S. 20ff

– die Verhinderung der Ausdehnung von Kontrollstrategien für besondere Gruppen (wie die Gefangenen der RAF oder der kurdischen PKK).

Diese Vorschläge kann man nach zwanzig Jahren als gescheitert ansehen.

Zugleich hat sich die U-Haftpraxis verschärft[13] und ein erster Grüner Justizminister erwägt, kaum unter politischen Druck geraten, die Haftprüfungszeit des Oberlandesgerichts nach sechs Monaten auf neun Monate auszudehnen.

Mutter-Kind-Haftanstalten sind ausgebaut worden, statt daß man den Müttern Haftverschonung gibt.

Wer aus dem Spektrum »kritischer Öffentlichkeit« sich noch die Mühe macht, die Prozesse gegen Mitglieder der PKK (poststalinistisch ausgerichtete Kurdische Arbeiterpartei) in Celle oder Düsseldorf zu beobachten, wird feststellen, daß die Kritik an Haftbedingungen und Prozeßverhältnissen die einsame Sisyphusarbeit der dort noch verteidigenden Anwälte ist.

Schlimmer noch gestaltet sich die Situation an den Hochschulen. Einige unvollständige Beispiele sollen genügen:

– Die Universität in Gießen mit ihrem gut ausgestatteten Lehrstuhl für Kriminologie ist nie über eine »Rockenberg-Gesprächsgruppe« hinausgekommen.
– An der Fachhochschule in Frankfurt, dem produktivsten Ort für Rechtsleitfäden von Betroffenen, liegt die Straffälligenarbeit darnieder.

[13] Nix, Christoph, Der Haftgrund der Verdunkelungsgefahr, in: *StV* 1992

– An meiner eigenen Hochschule mußte ich zur Kenntnis nehmen, daß die Dozenten, die das »Projekt Strafvollzug« betreuten, Mathiesen nicht einmal als Theoretiker zur Kenntnis genommen hatten, geschweige denn abolitionistische Perspektiven diskutierten, statt dessen: »stinknormale« Sozialarbeit.
– Es gibt keine Transparenz im Hinblick auf die Institution Gefängnis, keine Ansprechpartner mehr für Eingeschlossene, auch die einst junge kritische Anwaltschaft, die noch Strafvollzugsrecht bearbeitete, hat diese wenig lukrative Tätigkeit längst aufgegeben.

Mehr denn je fehlt kritische Öffentlichkeit in Sachen Strafvollzug.

Diese selektive Aufzählung ist alles andere als ein Argument gegen die Theorie des Abolitionismus, gegen die Weiterentwicklung einer systemtranszendierenden Perspektive, die sich von Rosa Luxemburg über André Gorz bis hin zu Thomas Mathiesen erstreckt.

Es ist vielmehr die alte Erkenntnis, daß sich Geschichte in der Tat nicht linear vollzieht. Die besondere Dramatik dieser Erkenntnis liegt in der lebensgeschichtlichen Situation der Betrachter, hier der Abolitionisten der ersten und zweiten Generation, die erkennen müssen, daß sie, älter werdend, die Welt nicht verändert, nicht einmal verbessert haben; und diese Erkenntnis ist bitter, auch wenn der einzelne viel am eigenen Erfolg und Glück auf dem Weg zum Lehrstuhlinhaber, zum Hochschulpräsidenten, zum Abgeordneten und zum Anstaltsleiter gearbeitet hat.

Der zentrale Begriff in Mathiesens Theorie von Reform und Revolution ist der Begriff der Legitimation; anders als bei den Normwissenschaften[14] der Jurisprudenz hat Mathiesen diesen als Herausforderung an eine systemverändernde, politische Arbeit begriffen.

Greift dieser Begriff noch, oder ist der Skandal in den Haftanstalten, den Gerichtssälen und Parlamentsräumen nicht längst zum Standard, vielleicht sogar zum Instrument der Faszination und weniger des politischen Moralverlustes geworden?

Back to the seventies?

Ich plädiere für das Aufgreifen alter Recherchekonzepte (beständiges Aufzeigen von Korruptionen und Mißhandlungen im Vollzug), für die Initialisierung studentischer Knastgruppen als politische Aufklärungsfelder, für das erneute Registrieren und Auswerten der alltäglichen Schikanen, an denen sich nichts in den letzten zwanzig Jahren geändert hat: So, als stünden wir wieder am Beginn der siebziger Jahre, als sei Zeit eben doch eine Kreisbewegung, die sich allenfalls in Form einer Spirale vollzieht, über deren Oben und Unten noch nicht entschieden ist.

Ich plädiere, mit dem Gedanken an Neuorganisation von Knastgruppen und Entfaltung von Recherchen, für das alte und überholte Konzept einer aufklärerischen Arbeit, im Bewußtsein, daß diese die Ängste und Rachesehnsüchte meiner Studenten nicht entkräften kann, und in dieser Nicht-Entkräftung, in der Unterschätzung der Kategorien des Leids und des Mitleids, liegt ein Fehler der abolitioni-

[14] vgl.u.a. Preuß, Ulrich, *Legalität und Legitimität*, Frankfurt 1975

stischen Perspektive, soweit sie die Einzelfallhilfe im Knast kategorisch abgelehnt hat.

Polis und Monade

»Einzelfallhilfe steht zur politischen Knastarbeit in einem Gegensatzverhältnis, auch wenn sie in ständiger Selbstkritik geschieht.«[15]

Dieser Satz von Schumann, wie er auch von Mathiesen selbst hätte formuliert werden können, durchaus als ein Erfahrungswert, der das Überleben von KROM[16] hat sichern können, trägt eine gewisse strategische Kälte in sich, die m. E. die Dialektik von Caritas und politischer Aktion leugnet, zumindest nicht berücksichtigt hat.

Die Frage nach dem Scheitern einer Gefangenenbewegung läßt sich weniger mit Resignation in der Einzelfallhilfe erklären, als vielmehr mit dem Verlust einer moralischen Kraft, einer solidarischen Vision. Statt dessen erfolgt die Etablierung der Gauner und Denker.

Wer nicht vom Knast lebt, weil er nicht drin sitzt oder keinen Forschungsgegenstand »Gefängnis« etabliert hat, verliert bald sein politisches oder wissenschaftliches Interesse an diesem Thema. Ist die Erweckung von Mitleid vielleicht doch die Lösung.

Mitleid kann nicht nur eine Lebenshaltung von oben herab sein, ein hierarchisches Verhältnis zwischen Mitleidi-

[15] Schumann, a. a. O., S. 17

[16] KROM ist die von Mathiesen im Jahre 1968 gegründete Gefangenenorganisation, die sich die Abschaffung der Gefängnisse zum Ziel gesetzt hat.

gem und Bemitleidetem, es kann als Lebenshaltung auch ein Mittel gegen den Staat sein, wenn man sich insoweit Herrn de Sade anschließen möchte: »Mitleid ist staatsgefährlich, nimmt die nötige Härte und Strafheit, macht, daß Herren sich gebärden wie heulende Weiber.«[17]

Die Haltung, die de Sade beschreibt, ist unzeitgemäß, sowohl im Knast als auch draußen. Die Zeit, in denen Gefangene sich sozusagen auf einen Intellektuellentrip im Vollzug begeben haben[18] ist vorbei, und der Wertewandel im Knast, in dessen Folge jeder zunächst sich selbst mit altbewährten Mitteln zu helfen sucht, erschwert eine politische und erst recht die abolitionistische Perspektive.

Biographisches

Verzeihung, aber vielleicht gibt es keine gesellschaftlichen Antworten mehr, allenfalls noch biographische.

Ich hätte mich vermutlich nie mit der Gefängnisfrage beschäftigt, wäre ich als Jugendlicher nicht selbst in einem Strafprozeß angeklagt gewesen und hätte es Wogo nicht gegeben.

Wogo hat mich seit meinem 13. Lebensjahr begleitet.

Mein Vater war tot, ihm ging es nicht besser, seiner starb an Lungenkrebs, mein Vater schoß sich ins Herz. So hatten die beiden Alten uns zurückgelassen und waren selbst nicht

[17] Marquis de Sade, *La nouvelle Justine ou Les malheurs de la vertu*, Amsterdam 1972, S. 65

[18] so die Protagonisten der Gefangenengewerkschaftsbewegung Heise/Plumbohm, vgl. den Beitrag von Plumbohm, in: *KrimJ* 1/93

älter als neununddreißig Jahre geworden. Wir schämten uns für den frühen Tod, offen lag in der kleinen Provinzstadt unsere Biographie, unser Verlust, bekannt war allen, daß unsere Mütter tranken.

Während ich zur Oberschule ging, verlief Wogos Weg nach unten, der meine bis zum Abitur, bei ihm bis zur ersten Haftstrafe, die er im Fritz-Bauer-Haus in Darmstadt antreten sollte.

Vor seinem ersten Haftantritt aßen wir Schnitzel und tranken Bier. Am Portal der Haftanstalt drehte er sich um, ballte die Faust, so als ginge Dimitroff in den Gerichtssaal und nicht der kleine Handtaschenräuber. Wir weinten, »gebärdeten uns wie heulende Weiber«.

Im Knast schrieb er so viel wie niemals zuvor. In der Zelle las er Rosa Luxemburg, wie nie mehr danach in seinem Leben. Ich besuchte ihn und lernte auf diese Weise die Haftanstalten in Hessen kennen: Butzbach, Darmstadt, Limburg und später Preungesheim.

Wogos Drehtür in und aus der Kiste heraus hat niemals angehalten. Anlaß waren Ladendiebstähle, Schnaps, Kassetten, Comics. Manchmal fand er die Güte, gar die milden Hände und die Liebe einer Frau, dort hielt er es für eine Weile aus.

Manchmal hatte ich kein Interesse mehr an ihm, an der Sinnlosigkeit meiner Appelle, meiner Plädoyers, meiner Begegnungen, die im Suff keine wirkliche Nähe zuließen, da konnte die Einzelfallhilfe einem schon die politische Haltung und Strategie vermiesen.

Wogo war mein dunkler Bruder, der Gefallene, den es braucht, damit der andere aufsteigt. Zwanzig Jahre hat Wogo mich, meine Knast-, Anwalts-, Wissenschaftsarbeit begleitet. Im Frühjahr 1991 bestand er gegenüber dem Anstaltsarzt auf einer fachärztlichen Überweisung, und was er ahnte, vom Anstaltsarzt als ein Rückenleiden diagnostiziert, war der Krebs.

Bevor Wogo starb, beantragte ich auf seinen Wunsch hin, im Wege der Gnade einige neue Diebstahlsverfahren einzustellen. Auf einen Kunstfehlerprozeß gegen den Anstaltsarzt verzichteten wir. Er wollte Ruhe haben und rein sein, wenn er gehen mußte.

Später fuhr ich mit ihm und meinem Freund Sammy in einem Mercedes über den Westerwald. Abschied nehmen von dort, wo wir herkamen, bevor wir in die Städte gingen.

Wir hatten beide unseren Vater überlebt, und der Knast war unser gemeinsames Lebensthema geblieben: Ich schreibe über das, woran er starb.

Insoweit hatte ich Glück, ohne mich dem »Lumpenproletariat« andienen zu müssen. Ich hatte einen Bruder, dem ich meine Auffassung über das Einsperren verdanke, ohne eine gesellschaftliche Theorie begründen zu müssen. Andere haben es da schwerer.

Strafprozeß und Abolitionismus

In dem Standardlehrbuch von Calliess[19] bemüht sich der Autor, den Gegenstand seiner Betrachtung einzugrenzen.

»Mit der Verkündung des Urteils wird die Hauptverhandlung des Strafverfahrens abgeschlossen. Ist kein Freispruch erfolgt, so enthält die Urteilsformel neben dem Schuldspruch den Strafausspruch ... Mit der Strafvollstrekkung ist die Verwirklichung des Strafausspruchs gemeint.

[19] Calliess, Rolf-Peter, *Strafvollzugsrecht* 3. A., München 1993, S. 8f

Die umfaßt bei einer Freiheitsstrafe den gesamten Prozeß der Durchsetzung des Urteils von der Rechtskraft bis zum Ende der Strafzeit ...

Dieser Prozeß gliedert sich in zwei Phasen: zum einen in die Einleitung der Urteilsdurchsetzung, zum andern in die Durchführung des Strafausspruchs im Strafvollzug.«[20]

Diese systematisch angezeigte Trennung des Erkenntnis- und Vollstreckungsverfahrens im Strafprozeß wird auch von Kritikern des Strafsystems im wesentlichen anerkannt. Mag man den hessischen Versuchen um eine Entkriminalisierungsdebatte auch zugute halten, daß hier abolitionistisch gedacht werden mag (vgl. den Beitrag von Voß in diesem Band), so ist in der strafrechtlichen Praxis, sprich im Strafprozeß, ein Infragestellen des Gefängnissystems undenkbar geworden.

Weder in den Schlußvorträgen von Staatsanwaltschaft und Verteidigung noch in den Urteilsgründen, dort den Erwägungen zum Strafausspruch, findet sich in den 90er Jahren Stoff für kritische Erwägungen über die Gefängnisstrafe.

Kein Strafverteidigertag und kein Richterratschlag beschäftigen sich noch mit den Verhältnissen im Knast, die entwürdigender denn je geworden sind.

[20] Callies, a. a. O., S. 9

In gesicherten Verhältnissen sich am Abenteurertum einer selbsternannten Guerilla zu erfreuen wäre stillos, im übrigen unpolitisch.

Der Bombenanschlag auf den Gefängnisneubau in Weiterstadt in Hessen am 27. März 1993 hatte nach einem Bericht der *Frankfurter Rundschau* vom 30. März zur Folge, daß die Justizvollzugsanstalt nicht vor Ende 1997 in Betrieb genommen werden kann.

»Das war wirklich ein hundertprozentiger Erfolg«, sagt Horst Kampe, der Sprengstoffexperte des Bundeskriminalamtes, während nach der Meldung in der *Frankfurter Rundschau* alle vier Fraktionen im Landtag »die Notwendigkeit der Justizvollzugsanstalt« betonen, allen voran Rupert von Plottnitz, der grüne Fraktionsvorsitzende und Strafverteidiger aus Frankfurt am Main und heute Justizminister. Längst vergessen, schnell vergessen ist der Diskurs über die Abschaffung, zumindest den Nicht-Ausbau des Gefängnissystems in Hessen, an dem sich grüne Rechtspolitiker beteiligten.

Wer immer sich heute hinter dem Kürzel RAF verbergen mag, es scheint, als sei man zu einem alten Verhaltens- oder Ehrenkodex zurückgekehrt: Gewalt gegen Symbole und repressive Einrichtungen, aber nicht gegen Menschen.

Vorsichtig formuliert, aber konsequent zu Ende gedacht, läßt sich eine »klammheimliche, abolitionistische Freude« nicht leugnen, auch wenn es nur das kurze Auflächeln der Verlierer ist, deren friedliche Strategie der negativen Reformen zumindest einen Stillstand erlebt.

André Gorz, einer, an den Mathiesen anknüpft, wenn er seine Theorie von den negativen und positiven Reformen entwirft, wenn er auch im Kampf für kurzfristige Ziele ein wesentliches Konstitutiv für Organisation und Bewußtsein bejaht, dieser Gorz hat ein merkwürdiges und wenig beachtetes Buch geschrieben, mit dem Titel *Le Traitre*, der Verräter.[21]

Den wenigsten Lesern Gorzscher Theorie über die Strategien und die Verabschiedung von der Arbeiterklasse ist dieses überwiegend biographische Buch bekannt.

Da eilt der noch junge Gorz, damals zweiunddreißig, durch die Welt, erkundet die Personalpronomina »Wir«, »Sie«, »Du«, um in seiner Gliederung beim »Ich« anzugelangen, und es gelingt ihm weitaus mehr als nur die Entdekkung seines »Selbst«.

Er stößt auf die fundamentale Frage: Durch welche Tätigkeit kann ein »zufälliges Individuum«[22] in sich selbst und für alle die menschliche Person verwirklichen?

Gorz bedient sich dabei der beiden Erkenntnismethoden, die später erst die Studentenbewegung wieder zusammenführen konnte: die marxistische Dialektik und die Psychoanalyse. Wohin auch immer im Verlauf der weiteren Geschichte der europäischen Intelligenz das Pendel ausschlug, Gorz wollte die Bedeutung der Begegnung dieser beiden Wissenschaften, die sich der individuellen Freiheit und der

[21] Gorz, André, *Der Verräter*, Frankfurt 1980

[22] eine Marxsche Kategorie, die er vorwiegend in der deutschen Ideologie benutzt

kollektiven Befreiung gewidmet hatten, er wollte die Chancen ihrer Synthese aufarbeiten. Um diese Absichten wird es stiller, aber sie gehen nicht verloren, beim späten Gorz, bei der Entwicklung seiner vordergründig »soziologischen Theorie« von der nicht-reformistischen Reform.

Im Kapitel »Wir«, unterteilt in die Abschnitte »Für den Anfang Marx« und »Die Psychoanalyse«, bricht er für letztere ein Lanze: »... daß die marxistische Analyse nicht ausreichen wird, um eine Person von der Entfremdung zu befreien und die Einheit wiederfinden zu lassen. Denn wenn man die Welt aus schlechten Gründen und im Hinblick auf komplexe Ziele verändert, die der Psychoanalyse eigentümlich und obendrein nicht zu verwirklichen sind, läuft man Gefahr, eine verhunzte Welt zu schaffen, in der man sich nicht zurechtfinden wird.«[23]

Diese Gorzsche Erkenntnis aus dem Jahre 1955 mag mittlerweile zum erkenntnistheoretischen Standard gehören, wenn es um die Bestimmung der »freien Assoziation, frei assoziierter Individuen« geht. Vernachlässigt worden ist die Dialektik von Ratio und Irrationalem aber immer dann, wenn es um die Aufklärungsarbeit, das »Wie« der Veränderung dieser Zielsetzung gehen sollte.

Den Ängsten meines Studenten A um die Taktiken des Strafverteidigers und der Wut und Trauer des Studenten B und seinen persönlichen Rachewünschen und Sehnsüchten nach »Schuldausgleich« ist rational nicht beizukommen, wenn man auch ihn für ein Konzept »der Abschaffung der Gefängnisse« gewinnen will. Da genügt nicht der Hinweis, daß Leben nun einmal das »Lebensrisiko« miteinschließt.

Hier fühle ich mich in meiner Kritik an den abolitionisti-

[23] Gorz, a.a.O.

schen Strategien bestätigt, wenn ich wiederhole, daß zwar kluge Überzeugungsarbeit geleistet, aber die Gefühle oder eine Theorie der Gefühle zumindest im deutschen abolitionistischen Diskurs vernachlässigt wurden.

So bleibt mir das Plädoyer für das Unzeitgemäße. Auch dann für die Abschaffung der Gefängnisse einzutreten, wenn die Zeiten weniger denn je eine »gefängnisfreie Welt« zulassen wollen, dabei zuvörderst sich nicht auf die rationale Überzeugungsarbeit zu verlassen.

Meine Achtung vor dem Abolitionisten Thomas Mathiesen beruht darauf, daß ich ihn in der Tradition eines »Gorz-Verräters« sehe: »Wir alle sind anfangs verraten worden; nur ganz ausnahmsweise haben wir uns bewußt und willentlich so engagiert, wie wir jetzt engagiert sind. Die unseren ›unschuldigen‹ Absichten entgegenkommende Wirklichkeit hat uns dazu gebracht, das zu sein, was wir nicht sein wollten. Wir haben niemals bloß das getan, was wir tun wollten, sondern immer auch das, was die anderen und die Geschichte beschlossen haben. Zwischen dem Intellektuellen, der sich, um dieser Gefahr zu entgehen, absondert und untätig sein will, und all denjenigen, die sich mit ihren frommen Absichten für die Realität entschuldigen, die sie in Wahrheit selbst hervorbringen, aber als deren Gefangene sie sich ausgeben, muß ein Weg gefunden werden.«[24]

[24] Gorz, a.a.O., S. 309

Das verschlossene Amtsgericht

Wissen Sie, wo Stolzenau liegt? »Auf der anderen Seite der Weser«, sagen die Hannoveraner, »da sind die Leute ein bißchen merkwürdig.« Sollte das eine Warnung sein? Aber ich habe doch keine Angst vor dem Lande und erst recht nicht vor den Leuten auf dem Lande. Wer, wie ich, vom Fuße des Westerwalds[1] kommt, der hat nichts mehr zu fürchten.

Dennoch zögere ich, als einer meiner Studenten mich bittet, seinen Sohn vor dem Jugendrichter in Stolzenau zu verteidigen: »Worum geht es denn?« Zu spät. Oder kann man nach dieser Frage noch zurück? Der junge Mann wird beschuldigt, ein Autoradio gestohlen zu haben. Der Belastungszeuge, auch Mitglied einer Gang, in dessen Zimmer der Stiefvater das Corpus delicti gefunden haben will, meint, das Radio von meinem künftigen Mandanten erhalten zu haben. »Ulli lügt nicht«, sagt sein Vater, »der hätte mir die Tat gebeichtet.« Na ja, denke ich, auch vor liberalen Eltern braucht ein Siebzehnjähriger seine Geheimnisse.

Etwas anderes überzeugt mich mehr. Das Radio wurde in der Nacht vom 22. auf den 23. Februar gestohlen. Und in dieser Nacht war Ulli bei einem Freund. Sie haben »TV« und Videos geguckt bis in die späte Nacht, zusammen mit

[1] vgl. Nix, Christoph, *Als hätten sie den Westerwald mit Olivenbäumen bepflanzt*, Hamburg 1983

zwei anderen Jungen und einem Mädchen. Auch die Eltern waren im Haus. Später gingen sie schlafen, die Jungen in einem Raum. Ulli hätte das Haus nicht unbemerkt verlassen können. Das ist ein Alibi, damit könnte man auch ohne Verteidigung leben. Oder? Aber die Geschichte hat eine Vorgeschichte. Es ist die Geschichte ohne den Verteidiger, und sie basiert auf den Berichten des Angeklagten, seiner Eltern und einer jungen Frau, die Zuhörerin im Gerichtssaal war.

Am 20. 10. 1993 eröffnet der Jugendrichter die Hauptverhandlung vor dem Amtsgericht in Stolzenau. Ulli H. steht zum ersten Mal vor Gericht. Der Richter hat einen Doppelnamen und sieht lässig aus. Er trägt einen offen Hemdkragen und einen locker gebundenen Schlips. Er nimmt die Angelegenheit nicht so ernst. Er vernimmt den total betrunkenen Belastungszeugen. Einwände von Ulli überhört er. Fragen des Vaters, der zugleich Beistand im Verfahren ist, lehnt er ab, und alsdann macht er »ein Angebot«. Er solle gestehen, dann würde man die Sachbeschädigung einstellen und kurzen Prozeß machen. Ulli ist verstört. Allzu großes Ansehen genießt dieser Staat bei ihm nicht. Aber an irgendeine Form der Gerechtigkeit glaubt er schon. Er sei doch unschuldig und könne das beweisen. Erklärt er dem Richter, der über ihm sitzt. Mein Gott. Der Junge stört. Er stört die rasche und schmerzlose Erledigung des Verfahrens. »Gut«, sagt der Richter mit dem offenen Hemd, wenn er nicht wolle, dann werde er das Verfahren nunmehr teuer machen. Er werde den Geschädigten, den Autoradioeigentümer, als Zeugen laden, und der lebe ja jetzt schließlich in Ost-Berlin. Außerdem droht er an, eine weitere Zeugin zu laden. Damit es nämlich richtig teuer käme.

Ein Bluff, wie man eben so blufft, eine Vernehmungstaktik, wie man sie eben so anwendet, sind ja nur »Kids«, und da nimmt man es nicht so genau, oder man nimmt es, wie es eben kommt. Die Protokollantin vermerkt im Hauptverhandlungsprotokoll, das kein Datum trägt, aber an einem 26. Oktober erstellt worden sein soll: »Zu diesem neuen Verhandlungstermin soll dann auch noch der Zeuge F. nebst Ehefrau geladen werden.«

Ja, so sind sie, die Leute hinter der Weser, etwas merkwürdig, meinen die von der anderen Seite, aber ehrlich, grundehrlich. Was man für unmöglich gehalten hätte, daß der Jugendrichter tatsächlich androht, eine Zeugin zu laden, die mit dem Verfahren nichts zu tun hat, steht nun im Protokoll, und das hat bekanntlich Beweiskraft. Künftig wird die kleine Protokollantin es schwer haben beim Richter, soviel Sorgfalt, wird er ihr vielleicht sagen, sei gar nicht nötig.

Es ist der 1. Dezember 1993. Wir fahren nach Stolzenau. Es ist kalt draußen, und wir überqueren die Weser. Ich habe Zeit, noch einmal die Strafakte zu lesen. Ich bin gespannt auf die Akteure. Ein adeliger Kriminalbeamter. Ein Zeuge, der laut Protokoll mal 25 Jahre, dann 65 Jahre alt sein soll. Der Belastungszeuge, dessen Stiefvater ihn seit seiner frühesten Kindheit zusammenschlug.

Wir sind pünktlich. Es gibt ein kleines Café. Der einzige Ort, wo ein Fremder sich aufhalten kann, wenn man in Stolzenau auf etwas wartet. Im Café ist Ullis Mutter, und am Tisch gegenüber sitzt ein stattlicher junger Mann. Er trägt eine Krawatte mit Krawattennadel. Er wartet genau wie wir, und seine Krawatte ist fest gebunden und weiß. Er kommt aus der Stadt, aus Verden, wie wir später erfahren werden. Ulli hat rotgefärbte Haare. Er und seine Freunde verstehen sich als »Polit-Punks«. Sie haben es schwer, hier auf dem Lande, in der Stadt, vor Gericht und vor allem bei der Polizei.

Es ist Mittagszeit, und wir finden das Gerichtsgebäude. Klein und fein. Draußen sitzen die anderen Zeugen. Der KfZ-Meister. Der aristokratische Polizist: schnodderig, unfreundlich, selbstbewußt.

Wir gehen in den Sitzungssaal. Da sitzt schon der junge Mann mit der weißen Krawatte. Er sitzt auf dem Platz des Staatsanwaltes. Er ist stolz. Ich habe per Telefax einen unaufschiebbaren Antrag angekündigt. Da weiß jeder, woran er ist. Dementsprechend ist die Stimmung. Wir stören: der Angeklagte. Sein Verteidiger. Die Eltern. Gut, daß da noch einer Eltern hat, die ihn begleiten.

Das Gericht erscheint. Der Richter. Er grüßt nicht. Er hat das Hemd und die Robe offen, der moderne Jugendrichter. »Bitte, Sie wollten einen Antrag stellen.«

Ich verlese den schriftlich formulierten Befangenheitsantrag. Der Richter erhebt sich: »Die Sitzung wird bis 17.00 Uhr unterbrochen.«

»Willst du eine Kopie«, fragt er den jungen Mann, der auf dem Stuhl des Staatsanwaltes sitzt. »Ja, bitte«, antwortet dieser, aber das »du« ist ihm peinlich. Peinlich ist ihm auch, daß er eigentlich gar kein Staatsanwalt ist, sondern Referendar. Da steht einem der weiße Schlips besonders gut, aber sitzen dürfte er da oben nicht. Das jedoch ergibt sich allenfalls aus § 36 Jugendgerichtsgesetz, und das haben wir noch nicht gehabt. Der Richter ist sauer. Die Protokollantin ist verärgert. Der adelige Kriminale führt sich auf wie ein Sheriff. Er hat keine Zeit. Die Sitzung ist bis 17.00 Uhr unterbrochen. Ich gehe mit meinem Mandanten und seinen Freunden die Dorfstraße entlang. Ein kalter Wind weht über das platte Land. Büsche werden über die Straße geweht, kleine Windhosen haben sich gebildet und wirbeln Staub auf. Es ist wie in einem Western. 1993 im Westen. Den Zug nach Berlin kann ich vergessen. Das Café schließt. Endlich ist es siebzehn Uhr. Wir kehren zum Amtsgerichtsgebäude zurück. Wir sind gespannt, ob der Befangenheitsantrag durchgegangen ist. Alles ist dunkel. Die Dorfstraße, das Café und das Amtsgerichtsgebäude. Ich versuche die Tür zu öffnen. Sie ist verschlossen. Am Briefkasten hängt ein Zettel: »Die Sitzung ist auf unbestimmte Zeit unterbrochen. Neuer Termin von amtswegen.« Aber das ist nicht alles. An einem schwarzrotgoldenen Bindfaden hängen die Vordrucke für die Zeugenentschädigung. Die sind für die »Entlastungszeugen«, die anderen sind erst gar nicht mehr gekommen. Scheinbar wurden sie vorher informiert. Als wir den Gerichtshof verlassen, fährt uns beinahe ein Passat über den Haufen. Ich sehe das Gesicht des kriminalen Sheriffs. Als ich im Wagen von Ullis Vater sitze und feststelle, daß ich jetzt meinen letzten Zug nach Berlin nicht mehr bekomme, sehe ich, wie auf der anderen Seite der Straße das Licht angeht, dort hinter den Fenstern des Amtsgerichts in Stolzenau: Rechtsfindung im Dunkeln.

Sechs Wochen später bekomme ich Post vom Amtsgericht Stolzenau:

»Wegen Änderung der richterlichen Geschäftsverteilung ab dem 22. 12. 1993 ist der abgelehnte Richter nicht mehr für Jugendrichtersachen zuständig. Einer Entscheidung über das Ablehnungsgesuch bedarf es daher nicht mehr.«

Statt dessen werde ich in Berlin von meinem Mandanten

aus der deutschen Provinz verständigt. Seine Entlastungszeugen hätten Post bekommen, von der Kriminalpolizei in Syke. Der Adelige will sie einvernehmen. Ohne Verteidiger. Ohne Angeklagten. Ohne dessen Eltern. Außerhalb der Hauptverhandlung. Ein ganz normaler Diebstahl. Strafrechtspflege in Deutschland.

Der Tod des Physikers

Man kann auch sonderbar
ins Hier und Da kommen,
das ist nie weit von uns.
Ernst Bloch

Fall ins Jetzt

Die Wanderwege der Cinque Terre sind berühmt. Unweit von Genua entfernt und doch dem Autoverkehr abgewandt, liegen fünf Dörfer direkt an der Steilküste zum Meer. Die ungeschützte Küste läßt einen hohen Wellengang zu. Verbunden sind die Dörfer durch eine Bahnstrecke, und die felsigen Fußwege winden sich in übersichtlichen Serpentinen empor, als wollten sie das gewölbte mediterrane Himmelblau berühren. Die Idylle ist endlich. Das Meer hat in den beiden letzten Jahrzehnten so stark gelitten, daß man nicht mehr überall baden kann. Nun ist die ligurische Provinzregierung dabei, eine Autostraße zu bauen, oberhalb der Dörfer, aber jedes einzeln erreichbar.

Die Cinque Terre beginnt im Norden mit dem Ort Monterosso, vorgelagert die Stadt Levanto, zwischen beiden der schönste und längste Wanderweg dieser Region. Zunächst muß man aber am Ende der Stadt dreihundertsiebenundsechzig Steintreppen emporsteigen, um auf eine Höhe von einhundertachtzig Metern zu gelangen. Der Weg führt anfangs über Asphalt, später über bewaldete Hügel an die Felsküste. Schmale Passagen sind mit Stahlseilen gesichert, aber dennoch ist es kein Bergsteigerpfad, auch begehbar für nicht schwindelfreie Menschen.

Von hier aus kann man alle Orte der Cinque Terre sehen, manche in den Fels gehauen, wie Corniglia, andere kubisch geschachtelt auf Felsspitzen, wie Vernazza, ein Seeräuberdorf, abgeschnitten von der Welt.

Man braucht eine halbe Tagesreise von Levanto bis Monterosso, und auf halber Höhe, eingelassen in eine Felswand, eine Kupfertafel. Die Schrift in deutscher Sprache. Mehr Erstaunen weckt der Inhalt:

Hier starb auf tragische Weise
am 25. April 1964 Prof.Dr. rer. nat Wilhelm Maier.
Seine trauernden Schüler

Schön muß es gewesen sein in den sechziger Jahren am Meer von Cinque Terre: kein Teer, kein Öl, keine toten Fische, wenig Touristen. Im Frühjahr der Duft von Kräutern. Ein zum Bade ladendes Meer, stabile Umwelt, stabile Regierungen in Europa: Christdemokraten von Palermo bis Kiel, Diktaturen in Spanien, Portugal und Zypern, wirtschaftlicher Aufschwung überall. Besonders Italien begann für deutsche Familien zur Urlaubsdomäne zu werden, die ersten Volkswagen und die ersten Borgward, Isabella-Limousinen rollten über die Alpen an Adria und Riviera zugleich, manche Sonnensucher wagten sich sogar noch weiter südlich vor.

Professor Maier fuhr mit dem Zug. Er war ganz allein unterwegs. Seine Frau und die Kinder blieben in Freiburg. Er folgte einem Ruf. Die Universität von Pisa hatte ihn eingeladen, ein Vortrag, und wer weiß, was daraus noch werden könnte. Worüber er sprechen sollte, wissen wir leider nicht. Vielleicht über sein altes Thema: die Flüssigkeitskristalline. Er forschte darüber seit den alten Tagen vor Freiburg. Vielleicht referierte er auch über die Aerodynamik von Boden-Luft-Raketen. Das war sein Auftrag in Halle vor 1945, wo er noch als Assistent arbeitete, als die Rote Armee vorrückte. Herr Maier hatte Glück, damals kam ihm jemand zur Hilfe: die Alliierten der westlichen Armeen. Sie holten ihn heraus und brachten ihn in das geschützte Freiburg. Seitdem hielt Herr Maier Kontakt zu den Amerikanern, zu Professor von Braun, der in Cap Canaveral war, und zu andern Freunden aus der Wissenschaft, jetzt überall in der Welt. Er trug auf dieser Reise in den Süden einen grauen Anzug und festes schwarzes Schuhwerk, eine Armbanduhr, und auf einem Bild sehe ich ein Gesicht mit einer großen schwarzen Hornbrille.

Herr Maier war in Pisa. Was er nach seinem Vortrag gemacht hat, war nie Gegenstand polizeilicher Ermittlungen. Obwohl er es mit seiner Frau anders abgesprochen hatte, fuhr er mit dem Zug in die kleine Stadt Levanto und mietete sich im Hotel »Nazionale« ein.

Am nächsten Morgen soll er früh das Hotel verlassen haben. In der deutschen Wochenzeitung *Bild am Sonntag* ist zu lesen, Sr Bardellini sei der Letzte gewesen, der den Professor lebend gesehen habe. Das ist die halbe Wahrheit und nur dann die ganze Wahrheit, wenn Herr Maier tatsächlich ohne Fremdeinwirkung gestorben sein sollte. Dagegen spricht einiges.

Gegen 14.00 Uhr wurde die Leiche des Professors von zwei Fischern aus Monterosso gefunden. Wer fischt schon um diese Zeit? Erste Abweichung von einer Regel.

Herr Maier war unbekleidet. Er trug nur noch seine Armbanduhr und seine Brille. Zweite Abweichung von einer Regel, denn auch im Norden Italiens war im Jahre 1964 das Nacktbaden noch verpönt.

Den Carabinieri und einem Offizier, dem Doktor Lo Santo, war die ganze Angelegenheit um den toten Professor nur unangenehm. Unangenehme Ereignisse wollen erklärt und verharmlost sein. Rasch werden Erklärungen gesucht, die die Regeln bestätigen. Manchmal werden sie auch wieder verworfen, je nach Akzeptanz der öffentlichen Meinung. Das ist überall das Gleiche, von Bad Kleinen bis nach Bad Tölz, in Levanto und in Monterosso.

Seltsam mutet die Argumentation an, die der Dottore Carabinieri gegenüber der Deutschen Presse Agentur am 5. Mai 1964 vertrat:

»Dr. Lo Santo, der Chef der Kriminalpolizei in La Spezia, erklärte dagegen auf telefonische Anfrage, daß er keine Anhaltspunkte für die Hypothese sehe, Prof. Maier sei einem Verbrechen zum Opfer gefallen. Er sei als Chef der Kriminalpolizei vom Tode des Deutschen nicht informiert worden, was selbstverständlich der Fall gewesen wäre, hätte auch nur der geringste Verdacht für ein Verbrechen bestanden.«

So zäumt man Pferde von hinten auf, nicht nur in Italien.

Der Blick von oben

Auf meinen Wanderungen durch die Cinque Terre habe ich die Gedenktafel gefunden. Ich bin über die Steintreppen gelaufen und habe einen Blick nach unten geworfen. Ein Felsplateau. Granit. Aufschäumende Wellen, und dies bei Windstärke drei. Von hier aus kann keiner runter laufen, Flächen, nicht begehbar. Die Entfernung zwischen Weg und dem Meeresspiegel beträgt wenigstens fünfzig Meter. Nirgendwo eine Liegefläche, nirgendwo ein Pfad, keine

Karabinerhaken, um sich abzuseilen. Vielleicht hatte man sich geirrt. Vielleicht war das nicht die Stelle, von der Herr Maier aus den Tod fand.

Die Theorie von Lo Santo kann nicht stimmen. Die Carabinieri haben zumindest schlampig ermittelt. Ihre Geschichte lautet:

Der deutsche Tourist habe hier ein Sonnenbad nehmen wollen. Er habe sich ausgezogen und und sich nackt auf die Felsen gelegt. Irgendwann sei er abgerutscht und ins Meer gefallen, dann ertrunken. Als die Leiche des Professors, heimgekehrt nach Freiburg, im Rechtsmedizinischen Institut seziert worden war, fand man unter den Fingernägeln Algenreste, so als habe er sich mit aller Gewalt an den Felsen festgehalten, kurz bevor er endgültig ins Meer hinabglitt. Abgesehen davon ist der Körper unversehrt und die Todesursache eindeutig und geklärt: Tod durch Ertrinken. Keine Hautabschürfungen. Keine Hämatome.

Ballade vom ertrunkenen Mann

Tang und Algen hielten sich an ihm ein
so daß er langsam viel schwerer ward
Kühl die Fische schwammen an seinem Bein
Pflanzen und Tiere beschwerten noch seine letzte Fahrt.

Im Haar sein Nest von Wasserratten,
und die beringten Hände auf der Flut
Wie Flossen, also treibt er durch den Schatten
des grossen Urwalds, der im Wasser ruht.

Brechts Ballade »Vom ertrunkenen Mädchen« umgemünzt auf den ertrunkenen Professor. Kein Trost. Allenfalls ein Archetyp. Vielleicht eine naturwissenschaftliche Tröstung: Wasser waren wir, Wasser werden wir sein. Kriminalistische Aufklärer müssen cool bleiben, auch wenn sie aus dem Schwarzwald kommen. Herr Maier blickt uns noch einmal an. Das Foto in der *Bild am Sonntag* zeigt einen älteren Herrn mit lichtem Haar, das gesamte Gesichtsfeld bestimmende Hornbrille, eine festgebundene Krawatte, zugebunden bis zum Hals. Herr Maier ist ein Biedermann. Einer mit einem Doppelleben?

Wenn Frau Elisabeth Maier in den *Freiburger Nachrichten* erklärt, ihr Mann sei Nichtschwimmer gewesen, niemals habe er nackt gebadet, niemals sei er, als erfahrener Bergsteiger, mit bloßen Füßen über Felsen gestiegen, so wird die Carabinieri-Theorie zumindest auf das Subjekt des Opfers, auf die Eigenschaften des Toten bezogen, zunehmend absurd. Ein Mann zieht sich aus. Er klettert über unwegsames Gelände und stürzt in die Tiefe. Und seine Kleidungsstücke? Die findet zunächst niemand. Zunächst nicht und auch nicht in den ersten beiden Wochen. Hat Lo Santo gesucht?

Hat er tatsächlich vergessen zu suchen? Als Maier in Freiburg beerdigt wird und die Tagespresse den Fall nicht mehr besonders spannend findet, da findet man ein Bündel, dort wo man vorher auch gesucht haben will und nichts zu sehen war. Ein Anzug erscheint wieder aus der vierten Dimension. Bravo, Dottore Lo Santo.

Vielleicht bringt uns ein Nachruf weiter, der, weitab der Cinque Terre und emotionslos verfaßt, in den *Physikalischen Blättern* (Heft 6, Juni 1964) den Wissenschaftler Maier würdigt:

»Wilhelm Maier wurde am 3. 10. 1913 in Villingen geboren. 1933 begann er sein Studium der Mathematik und Physik an der Universität in Freiburg und folgte 1937 dem Unterzeichneten als Assistent an das Physikalische Institut der Universität in Halle, wo er noch im gleichen Jahr promovierte und sich 1943 habilitierte. Nach dem Kriege durch die amerikanische Besatzungsmacht mit allen Naturwissenschaftlern der Universität in Halle zwangsevakuiert, ging er wieder nach Freiburg...«

Aber mit welchem Thema der Naturwissenschaftler sich in seinen Forschungsvorhaben beschäftigte, bleibt nach wie vor unklar. Der den Nekrolog in den *Physikalischen Blättern* verfaßte, der Lehrer von Herrn Maier, Professor Dr. Kast, gibt uns jedoch einen Hinweis.

»Ausgehend von seiner Beschäftigung mit den eigentümlichen anisotropflüssigen Phasen, wo sie bei einer großen Zahl von organischen Verbindungen mit gestrecktem Molekülbau auftreten, blieben die Fragen der Molekülstruktur und der Wechselwirkungskräfte zwischen ihnen das beherrschende Grundthema seiner wissenschaftlichen Arbeit. Ihre Vielseitigkeit erhielt sie jedoch durch die breite Skala der verwendeten experimentellen Methoden, die mit der Heranziehung der dielektrischen Polarisation, der dielektrischen und akustischen Relaxation, der Ultraschall, Ultraviolett- und Infrarot-Absorption einschließlich Ramanspektroskopie sowie der Mikrowellenspektroskopie und der magnetischen Protonen-und Elektronen-Spin-Resonanz von der altbewährten bis zu den neuesten Methoden reichte...«

Soviel verstehen wir, eines der wissenschaftlichen Gebiete des Toten von der Ligurischen Küste schien das Unhörbare und das Unsichtbare gewesen zu sein: Ultraschall und Ultraviolett. Wie praxisorientiert die Forschung von Herrn Maier war, darüber kann Professor Kast nur wenig Auskunft geben, an diese Stelle treten Mutmaßungen, wie ich sie der *Neuen Revue* vom 7. Mai 1964 entnehme:

»Der Tote mit der Sonnenbrille«

Da wird ein Staatsanwalt aus Freiburg zitiert. Der Mann hatte zwar niemals eine Ermittlungskompetenz, dennoch hat Staatsanwalt Schorp Sach- und Personenkenntnis:

»Professor Maier war ein erfahrener Bergsteiger. Er hätte nie ohne Schuhe Felsen bestiegen. Es liegen genug Verdachtsmomente vor, die ein Verbrechen nicht ausschließen.«

Aber welche, und wer hatte seine Hände im Spiel? Etwa doch die Deutschen?

Weiter unten schreibt das Blatt:

»Vielleicht dachte Schorp auch besonders daran, daß Professor Maier Physiker war. Eine international anerkannte Kapazität auf dem Gebiet der Molekular-Physik. Ein Experte, den die Amerikaner aus dem ›Roten Halle‹ an die Freiburger Universität geholt hatten. Lag möglicherweise hier der Schlüssel für das Todesrätsel?«

Um diese Hypothese zu stützen, hätte man weiterforschen müssen. Der deutsche Staatsanwalt hatte keinen Auftrag. Der italienische Dottore kein Interesse. Und die Kollegen von Professor Maier? Seine Familie? Was verstehen Naturwissenschaftler schon von gesellschaftlichen Verhältnissen? In der Sache Robert J. Oppenheimer?

Wie bitte? Und nicht zuletzt Einstein. Danke für den Einwurf.

Sie vergessen, wir befinden uns in Freiburg und in einer italienischen Idylle, da gibt es keine Detektive. Vor allem keine wohlhabenden Rationalisten, die sich sozusagen unentgeltlich und ohne Auftrag zum Detektivgeschäft berufen fühlen.

Die Detektivin

Gerade deshalb möchte ich von den Ausnahmen sprechen.

Anläßlich eines Fortbildungsseminars des »Republikanischen Anwaltsvereins« in der Cinque Terre, stieß Frau Vogel, eine Frau in den Vierzigern, eine ehemalige Rechtsanwältin aus Deutschland, auf den Fall Willi Maier. Sie hatte eine Kupfertafel gelesen, oberhalb der Ligurischen Küste, auf dem Weg von Levanto nach Monterosso.

Was sie da las, wies hin auf eine Geschichte, deren Ereignisse wenigstens fünfundzwanzig Jahre zurücklagen. Geübt in kriminalistischem Denken, mißtrauisch gegenüber der Politik und der Vergangenheitsbewältigung ihrer »Deutschen Heimat«, begann sie mit ihrer Recherche. Ein einsames Geschäft und immer nahe dem Verdacht, wer Eigentümliches erspürt, der müsse selber eigentümlich sein. So sammelte sie Zeitungsausschnitte, fuhr nach Pisa, las in den Werken des Professors und traf sich mit dessen Frau. Sie fuhr nach Amerika, legte Notizen an, mutmaßte und fand vielleicht das eine oder andere heraus. Aber den Mörder fand sie nicht. Auf einem handschriftlichen Notizzettel stehen Fragen, die sie an Frau Meier richten wollte. Die Fragen deuten wiederum darauf hin, daß Frau Vogel intimere Kenntnisse von Maiers Biographie gehabt haben muß.

»Wann ist Willi in die NSDAP eingetreten?

Welche Vereinbarungen wurden konkret mit den Amerikanern getroffen?

Wußten Sie von dem Treffen in Florenz?«

Nahezu unleserlich folgen die Buchstaben »BASF«. Der sprachliche Kontext ist nicht zu entziffern. Ein knappes Jahr, nachdem Frau Vogel diese Aufzeichnungen fertigte, fiel sie in eine tiefe Depression. Sie bereitete ihrem Leben ein Ende und stürzte sich vor einen Zug. Einen kausalen Zusammenhang mit ihrer Recherche über den Tod von Herrn Maier läßt sich nicht feststellen. Frau Maier berichtete mir, daß sie großes Vertrauen zu Frau Vogel gehabt habe. Frau Maier, die auch nach dem Tod ihres Mannes in Freiburg blieb, berichtete von neuen Versionen. Sie erzählt es nüchtern, wie eine, der das Absurde nicht fremd ist. Ein schwuler Kellner des Hotels »Nazionale« habe dem Professor nachgestellt, vielleicht sei es da zu Handlungen gekommen. Ein Gerücht aus Italien? Eine Geschichte aus Pullach? Vielleicht auch die Wahrheit?

So verbirgt sich hinter den großen Mutmaßungen eines politischen Mordes nichts anderes als ein schlichtes, ein spätes »Coming-out«? Es wäre die Geschichte oder die nichtlebbare Romanze vom schwulen deutschen Professor und seinem kleinen Kellner in den prüden 60er Jahren? Oder wird doch andersherum ein Schuh daraus? Eine deviante Geschichte, die andere Devianzen verschleiern soll. In der sogenannten Langemann-Affäre berichtet der ausgestiegene BND-Regierungsdirektor Hans Langemann von der Desinformationsstrategie des »Dienstes«. Zwei Varianten sind interessant. Nach frühestens fünfzehn Jahren verkauft Pullach eine reale Geschichte des Geheimdienstes an befreundete Journalisten. Der Dienst deckt auf, Täter und Beteiligungen, wie etwa die Ermordung des deutschen Botschafters im Vatikan, Ende der 50er Jahre. Diese konkrete Information beinhaltet Straftatbestände, die verjährt oder bereits nicht mehr in der Verantwortung des jeweiligen Präsidenten des BND liegen. Einer der großen Informationszuträger soll der Verleger Ferency sein.

Eine zweite Variante der »Des-Informationspolitik« besteht darin, daß der Dienst beispielsweise im Falle der Tötung eines Menschen ein weiteres absurdes Indiz über die Biographie des Opfers streut, so daß, wie vielleicht im Falle Maier, die Homosexualität des Opfers zum bestimmenden Gerücht, zur Fama wird und der politische Hintergrund ausgeblendet bleibt. Es entsteht daher der Eindruck, als hätten die Verwandten des Getöteten, hier Frau Maier, kein Interesse mehr an weiterer Aufhellung.

Diese geheimdienstliche Strategie benutzt gesellschaftliche Tabus. Auch bei der Ehefrau Maiers könnte dann eine Halbwahrheit, eine Mutmaßung entstehen. Grübelt sie am Ende, ob sie jahrelang ein falsches Leben an der Seite ihres schwulen Mannes gelebt hat, so rückt in den Hintergrund, daß sie jahrelang ein falsches Leben an der Seite eines Agenten geführt hätte. Da läßt man doch lieber die Toten ruhen. Diese Strategie, wenn es denn eine war, ging nicht auf im Fall der Witwe Maier. Frau Maier war sich sexuell ihres Mannes sicher, nicht sicher sein konnte sie einer Öffentlichkeit, die nach Aufklärung gedrängt hätte. So bleibt Willi Maier nichts als ein unaufgeklärter Fall, ertrunken an der Felsenküste von Ligurien, der Professor aus Freiburg. Wie sein Tod aussah, weiß keiner als sein Mörder.

Fünfzig Jahre später

Ich gehe über das Gelände des ehemaligen Konzentrationslagers Mittelbau-Dora. Hierhin hatten die Nazis die Produktion der V2-Rakete verlagert, nachdem die Fabrikanlagen in Peenemünde von den Alliierten schwer bombardiert worden waren. Unweit der Stadt Nordhausen arbeiteten hier Belgier, Franzosen, Italiener, Juden, Engländer in zwei in das Anhydrit getriebenen Bergstollen. Täglich starben beinahe dreitausend Menschen unter der Erde. Wernher von Braun, dem Adolf Hitler 1941 persönlich den Professorentitel verliehen hatte, und einhundertzwanzig andere Wissenschaftler stellten den Entwicklungsstab. Kurz vor Einmarsch der Roten Armee flohen sie in das Gebiet der Westallierten, von dort aus nach Amerika und in die ganze Welt. Wernher von Braun kenne ich aus dem Fernsehen. Als ich sechs Jahre alt war und die Rakete auf den Mond flog, saß er hinter einem großen Pult mit vielen Schaltern, stattlich, gesund und blond. Er steuerte die Rakete so wie ich mein ferngesteuertes Elektroauto.

Wir gehen über das Todesgelände. Hier im Tal liegt die Asche von verbrannten Menschen. Der junge Mann, der mich führt, heißt Hess. Welch ein Zufall. Welch Tragik. Er ist Historiker. Er sagt, man kann nicht immer nur weinen. Ich verstehe ihn. Er ist immer hier. Bis auf seinen Urlaub. Ich erzähle ihm von Willi Maier. Schon auf dem Parkplatz, ich will den Motor meines PKW starten, fragt er mich: »Wo schwamm der Mann im Meer?«

»Bei Levanto«, antworte ich. »Kein Wunder, das ist dicht bei La Spezia. Dahin ist übrigens Oberth geflüchtet. Einer der Leiter der Wissenschaftsabteilung im KZ. Bis in die sechziger Jahre lebte er dort.«

Es ist dunkel, und ich bin müde. Herr Hess und ich werden uns wiedersehen. Von Halle nach Nordhausen sind es siebzig Kilometer. Was sind da fünfzig Jahre.

Fahrlässige Tötungen

Da vorne bemüht sich einer. Der Richter versucht der Witwe zu erklären, warum der Angeklagte nicht erschien. Seine beiden Schöffen und er haben über eine fahrlässige Tötung zu entscheiden. Es soll im Wege des Strafbefehls erledigt werden. Da geht alles schriftlich. Da muß keiner kommen. »Das ist«, sagt Richter Pantle, »für Laien nicht immer einfach zu verstehen.« Und fährt fort: »Mehr als ein Geständnis kann man von einem Angeklagten nicht erwarten.« Und weil man mehr nicht erwarten kann, braucht der Angeklagte, der ja schriftlich seine Schuld gestanden hat, auch nicht zu erscheinen. Für viele Opfer oder Angehörige von Opfern ist das Strafmaß eines Strafprozesses gar nicht so bedeutungsvoll. Befragungen der Opfer oder ihrer Angehörigen zeigen, es ist ihnen wichtiger, daß ein Mensch sich zu verantworten hat.

Der Angeklagte hat einen Menschen getötet. Peter A. ist 21 Jahre alt, als er mit seinem Seat Toledo auf der berüchtigten Bundesstraße 49 fährt. Sein jüngerer Bruder ist auf dem Beifahrersitz. Da muß man imponieren, ob man will oder nicht. Die Straße ist zweispurig. Es gibt festeingebaute Radaranlagen. Aber diese Stellen kennt jeder, der die B 49 kennt. Sie führt von Wetzlar in die 50 Kilometer entfernt liegende Bischofsstadt Limburg. Hier ist der Autobahnaufbringer nach Bonn. Ein Tag im November des Jahres 1993. Es ist Samstagmorgen. Ein »langer Samstag«. Es hat gefroren. Nieselregen fällt, und der wird zu Nieselschnee. Peter A. fährt von Wetzlar in Richtung Oberbiel. In einer Rechtskurve kommt ihm mit einem älteren Ascona der 56jährige Angestellte Jakobi entgegen. Herr Jakobi arbeitet im Straßenbauamt. Er fährt langsam und bedächtig. Wie immer. Aber das nutzt ihm nichts, denn Peter A. fährt schnell, zu schnell für die Straßenverhältnisse, zu schnell für die Witterungsverhältnisse, zu schnell für seine eben erst erworbene Fahrerlaubnis; und zu schnell für den Schutzengel von Herrn Jakobi. Ein Ascona mit dem Baujahr 1983 hat keinen Airbag.

So stirbt einer auf der Landstraße. Einer von 13000 Toten. Jedes Jahr sterben sie, so als wäre es ein Schicksal, unaufhaltbar, und jeder für sich allein. Der Notarztwagen vom Kreiskrankenhaus in Wetzlar vermittelt noch einmal die Illusion einer überlegenen Unfallmedizin. Aber die Rettungssanitäter wissen schon am Unfallort, daß es keine Chance mehr gibt. »Das lernt man mit den Jahren«, sagt der Rotkreuzmann Norbert Nerger, eher resigniert. Irgend etwas bäumt sich auf gegen diese Schicksalhaftigkeit, auch bei Richter Pantle und seinen Schöffen. Alle um die fünfzig Jahre. So redet der Richter unentwegt, als müsse er sich etwas Unangenehmes von der Seele reden, als rede er gegen die Angst, als monologisiere er, damit kein Gespräch aufkommt. Er schaut in den Zuschauerraum, aber da ist nur der Prozeßberichterstatter. Er blickt zur Witwe Jakobi, manchmal sieht er auch die Tochter des Getöteten an. Ja, auch er, der Richter, weiß, daß es für diese Todesstrecke eigentlich eine politische Lösung geben muß. Aber es gibt keine. 15 Tote am selben Streckenabschnitt in sieben Jahren und keine verkehrstechnische Lösung.

Es ist Sommer. Es ist furchtbar heiß im Schöffengerichtssaal, und ein junger Staatsanwalt kommt zehn Minuten zu spät. Locker wirft er die Robe über sein kurzärmeliges Hemd. Er schweigt. Auch der Anwalt der Angehörigen ist ein stiller Mensch. Was gäbe es auch noch zu sagen. Die Witwe und ihre Tochter kommen nicht zu Wort. Wollen sie überhaupt etwas sagen? Aber da ist wenigstens eine Geste. Frau Jakobi nimmt die Brille ab und wischt sich mit dem Taschentuch über die Augen. Genug der Emotion. Mehr geht nicht in einem Gerichtssaal, und mehr an Erklärung kann man auch von einem Richter nicht verlangen. Hier ist die Grenze des Strafprozesses erreicht.

Wir haben es am Anfang gehört. Der Angeklagte hat ein schriftliches Geständnis abgegeben. Es kam spät, aber noch früh genug, so spät, daß die Ladungen zum Prozeß schon abgesandt waren, so früh, daß die Straftat noch im Wege des Strafbefehls zu beenden ist. Das ergibt sich aus § 408 a Strafprozeßordnung. Danach kann ein (mündliches) Hauptverfahren in ein (schriftliches) Strafbefehlsverfahren umgewandelt werden, wenn die Beteiligten zustimmen oder der Angeklagte ausgeblieben ist. Die Vorschrift ist neueren Datums. Der Gesetzgeber hat sie eingefügt, um die Justiz zu entlasten, damit bei »kleineren Sachen« nicht soviel mündlich verhandelt werden muß. Manchmal passiert es, daß bei solchen Projekten die Rechte der Beteiligten verkürzt werden. Papier ist eben geduldiger. Über den § 408 a StPO hat just in diesem Monat Richter Dr. Schellenberg in der »Neuen Strafrechtszeitschrift« einen Aufsatz geschrieben: »Der Strafbefehl nach § 408 a StPO in der Praxis.« Das ist auch unser Thema. Der Autor bemängelt, daß das Strafbefehlsverfahren auch in Fällen Anwendung findet, in denen der Täter eigentlich gar nicht wirklich verhindert ist, also in der Verhandlung erscheinen könnte und vielleicht sogar erscheinen will. Schellenberg beschreibt zwei Schwächen dieses Verfahrens. Die Schöffen werden nicht mehr beteiligt, und der Anwalt der Opfer oder des Geschädigten, auch Nebenklägervertreter genannt, hat keine Möglichkeit, Rechtsmittel gegen den Strafbefehl einzulegen. Die Rechte der Opfer werden beschränkt. Das ist nicht unproblematisch, und Frau Jakobi scheint es zu spüren, wissen kann sie es freilich nicht.

Kurz vor dem Termin hat Rechtsanwalt Karpenstein ein schriftliches Geständnis vorgelegt. Er ist Kommunalpolitiker, und sein Freund Böckel ist jetzt Innenminister. Ob der Minister aus Wetzlar in Wiesbaden noch an die B 49 denkt? Warum kam das Geständnis so spät? War es Taktik oder Schlamperei des Anwalts? Davon erfahren wir im Gerichtssaal nichts. Der Verteidiger und Richter Pantle haben vereinbart, daß die persönliche Anwesenheit des Täters beim Termin nicht erforderlich sei. Das spart Kosten, vor allem für den Angeklagten. So hat es etwas Paradoxes, wenn im Saal 204 eigentlich alle versammelt sind, bis auf die, um die es eigentlich geht. Das Opfer ist tot und der Täter nicht vorhanden.

Der Strafbefehl oder besser: der Richter »wirft« 180 Tagessätze aus. Das ist die Strafe. »Die Höhe ist mir nicht so wichtig«, sagt Frau Jakobi. Immerhin, der junge Mann ist jetzt vorbestraft, denn 180 Tagessätze entsprechen einer Freiheitsstrafe von sechs Monaten, und ab drei Monaten erfolgt der Eintrag ins Strafregister. 180 Tagessätze, das ist gutes Mittelmaß, wenn man es mit anderen Gerichten vergleicht. Wetzlar und Gießen gehören zu den strengeren Gerichten Hessens, wenn es um Verkehrsdelikte geht. Das geht auf ein trauriges Ereignis zurück. In den sechziger Jahren hat Richter S. am Amtsgericht seine Tochter bei einem Verkehrsunfall verloren. Wer würde da nicht verhärten.

»Ja, das war's dann wohl«, sagt Richter Pantle und entschuldigt sich noch bei seinen Schöffen, die ja heute nur so etwas wie Statisten gewesen seien. Das ist ehrlich, auch für einen deutschen Strafprozeß. Und so ziehen Richter, Staatsanwalt und Nebenkläger endlich ihre Roben aus. Es ist Sommer in Wetzlar. Es ist mitten im August. Die einzige Strafsache, die heute vor dem Amtsgericht verhandelt wird. Peter A., sagt mir der Nebenklägervertreter, habe über seinen Vater versucht, Kontakt zu den Angehörigen des Opfers aufzunehmen. Auch habe er Blumen zur Beerdigung geschickt. Frau J. hat dafür gedankt. Sie hat aber mitteilen lassen, daß sie ein Gespräch nicht wünsche. Mehr geht nicht. Mehr kann man sich im Grunde genommen nicht zumuten.

Zwei Minuten Fußweg vom Amtsgericht entfernt liegt der Wetzlarer Dom. Wenn man durch das Hauptportal geht, so ist gleich rechter Hand eine kleine Krypta. Da steht hinter dem Altar eine Frau und weint. Sie hält einen toten Mann in den Armen. Er trägt viele Verletzungen auf seiner Haut und auf seinem Körper. In den Händen sind Schnittverletzungen. So, als hätte er sie beim Aufprall schützend vors Gesicht gehalten.

Verschlossen und verriegelt

Es ist Sonntag. Der Bahnhof ist leer. Es ist kalt, und alles ist wie früher. Der Mann geht an den Fahrkartenschalter und zögert. Er sucht die Polizeiwache. Die Uniformen sehen jetzt anders aus. Aus dem Volkspolizist ist ein Mann des Bundesgrenzschutzes geworden. Der Beamte heißt Himmelreich. Bei ihm legt der Mann sein Geständnis ab. Die Sätze sind knapp und kurz. Undramatisch, monoton vorgetragen, leicht mit Gleichgültigkeit zu verwechseln nuschelt der Mann vor sich hin. Im Protokollbuch der Bahnpolizeiwache Magdeburg liest es sich später:

»Am 13. 2. 1991 gegen 11.30 Uhr erschien auf der Bahnpolizeiwache Hauptbahnhof der umseitig genannte Bürger und gab an, am 12. 02. 91 gegen 21.30 Uhr im christlichen Heim in seinem Zimmer die ebenfalls dort wohnhafte Scholz, Gerda erwürgt zu haben.«

Zunächst hat Herr Himmelreich Zweifel. Der Rest ist dann Routine. Zuständig ist bei Mord die Kriminalpolizei. Ein Staatsanwalt, der noch nicht weiß, ob er sich in die neue Republik hinüberretten kann, wird am Tatort erscheinen. Ein großes Aufgebot an Uniformen und an zivilen Beamten trifft gegen 13.00 Uhr am Tatort ein; christliches Wohnheim.

Da liegt eine weibliche Leiche im Bett. Eingehüllt in eine Decke, bedeckt mit einem Kopfkissen. Verdeckt, als gäbe es sie nicht, oder besser, zugedeckt, als müsse man sie immer noch und jetzt erst recht schützen. Nein, kein männlicher Täter soll hier gegen ein weibliches Opfer in Schutz genommen werden. Die Opfer sind vor den Tätern zu schützen. Wer sonst. Aber was ist, wenn es nur Opfer gibt. Können die anderen, die überlebenden Zuschauer damit weiterleben? Der Mann ist geständig. Kein Widerruf. Immer wieder werden sie ihn vernehmen. Ob er will oder nicht. Er kann nicht. Ob die Kriminalpolizisten in Burg ihn befragen, ob der psychiatrische Gutachter aus der Nervenklinik in Uchtspringe ihn exploriert, er bleibt eine Antwort schuldig. Er liefert nicht einmal einen Anhaltspunkt. Er hat kein Motiv. Er hat nicht einmal eine Erinnerung an den Tathergang. Er weiß nichts mehr über den Akt des Tötens. Er hat nie etwas gewußt. Und er will nichts damit entschuldigen. Das ist keine Schutzbehauptung, die die Kriminalpolizisten ihm unterstellen könnten. Da ist nichts in der Tiefe der Seele. Zumindest nichts, was man in wenigen Stunden erforschen könnte. Da geht ein Leben gewaltsam zu Ende, und es gibt keine Spuren von Gewalt. Es gibt Fingerspuren am Hals, aber keine Hämatome, keine Kratzer, weder beim Täter noch beim Opfer. Und das Opfer? Eine Frau von einunddreißig Jahren. Ein Heimkind, wegen einer Kinderlähmung gehbehindert. Ihr linkes Bein ist zurückgebildet, und in ihrem Bett sitzt ein Teddybär.

Der Täter? Als ich ihn zum ersten Mal sehe, weiß ich, daß ich mich erst an ihn gewöhnen muß. Tätowiert am ganzen Körper, hager, vierunddreißig Jahre alt. »Treue und Vaterland« steht auf seiner Stirn geschrieben. Lothar M. ist einer, den es eigentlich in der alten DDR nicht gegeben hat.

Ein Asozialer, ein Krimineller, ein Straftäter am Volkseigentum. Ein Leben in den Jugendwerkhöfen, später in der Strafanstalt, und dann bleibt nur noch die Nervenklinik »Waldheim«. Dort in der psychiatrischen Abteilung des Gefängnisses wurde er endgültig süchtig gemacht. Die ärztlich verordnete Injektion nannte man »Psycho-Cocktail«, und an den Folgen dieser staatlichen Behandlung leidet der Mann bis heute. Auch in der Tatnacht gab es »Radedorm«, nachweisbar noch in seinem Blut, und ein Alkoholbefund Marke »Kellergeister«, ein billiger Wein aus dem goldenen Westen.

Ein befreundeter Sozialarbeiter hat mich gebeten, ihn zu verteidigen. Da muß ich wohl oder übel nach Uchtspringe fahren. Das ist jetzt vier Jahre her. Über drei Jahre saß Lothar M. in psychiatrischer Untersuchungshaft. Auch ein Ergebnis der deutschen Wiedervereinigung. Die Wende hat ihre Opfer.

»Kennen Sie Uchtspringe?« frage ich den Tankwart an einer Minol-Tankstelle in der Nähe der Autobahnausfahrt Magdeburg-Zentrum. »Immer Richtung Stendal und dann links.« Da liegt sie, die kleine Stadt. Baumgruppen und Buschwerk. Ziegelbauten und ein Kiosk. Zu DDR-Zeiten war hier eine kleine Bastion von Psychiatern, die mit der Freudschen Psychoanalyse liebäugelten. Vergessen. Wie alle, die hier vergessen werden. Eine Stadt der Irren und Eingeschlossenen. Wer sollte sich für sie interessieren? Ich sitze mit Lothar M. in einem kleinen Zimmer. Wir sprechen über seinen Vater. Die Richter werden später schreiben:

»Schon als kleines Kind wurde er auf verschiedene Weise von seinem Vater mißhandelt. Er wurde mit Gegenständen geschlagen, oft nächtelang eingesperrt und gegenüber seinen Geschwistern benachteiligt. Einmal zerschlug ihm sein Vater mit einem Knüppel die Nase.«

Im Oktober bekommt Lothar M. seinen Prozeß. In mehreren Prozeßtagen wiederholt sich der Versuch, ein Motiv zu finden. Die Geduld eines alten DDR-Richters, der wenigstens jetzt zuhört, wenn der Angeklagte spricht, bestimmt das Klima. Und er spricht wenig, manchmal minutenlanges Schweigen. Eine Geduldsprobe für alle Prozeßbeteiligten.

Der junge Sozialarbeiter, zugleich Heimleiter, sagt einmal etwas über das Opfer, nein, nicht abwertend, verständig, fast voller Liebe formuliert er:

»Gerda war nach drei Jahren aufgefordert worden, das christliche Heim zu verlassen, weil wir keine Dauereinrichtung sind. Immer wieder suchte sie nach Wegen, doch noch ein paar Tage oder Wochen bleiben zu können, statt nach einer Lebensalternative zu suchen. Jetzt ist es, als hätte sie ihren Ausweg gefunden.«

Wie weit kann Todessehnsucht gehen? Wie umfassend darf man Verhaltensweisen von Todesopfern interpretieren? Der Prozeß entschlüsselt auch Geheimnisse. Situationen entstehen, die eigentlich im Strafprozeß undenkbar sind, weil er ritualisiert, weil er die Beteiligten voneinander und von sich selbst entfernt, um das Procedere aufrechtzuerhalten.

Lothar M. offenbart sich seinem aktivsten Zuhörer. Dem Richter, den er, vielleicht zum ersten Mal in seinem Leben, als einen guten Vater erlebt. Er erzählt ihm, was er dem Gutachter nicht erzählen könnte. Erstmals im Leben von Täter und Opfer haben beide mit einem anderen Menschen geschlafen. Und danach kam der Tod. Wie weit kann Todessehnsucht gehen?

Mit dem Urteil der ersten Großen Strafkammer am Landgericht Magdeburg hätte Lothar M. leben können. Freispruch wegen Schuldunfähigkeit und Einweisung in eine Entziehungsanstalt. Eine Maßnahme, die vom Verteidiger und vom Gutachter vorgeschlagen wurde. Eine Maßnahme, die Lothar M.s Sehnsucht nach Therapie, nach Heilung entgegenkommt. Aber solche Prozeßgeschichten haben bekanntlich kein »Happy End«. Nach der Revision der Staatsanwaltschaft hob der Bundesgerichtshof in Karlsruhe das Urteil auf und warf der Kammer vor, nicht ausreichend geprüft zu haben, ob Lothar M. nicht doch auf unbestimmte Zeit in die psychiatrische Klinik gehört. Die Entscheidung ist gar abgedruckt in der renommierten *Neuen Zeitschrift für Strafrecht.* Lothar M. ist in Uchtspringe geblieben. Jetzt im fünften Jahr. Ohne Therapie in einem Schlafsaal mit sechzehn Mann. Nachts hörst du nicht nur das Schnarchen, das Rufen, das Schreien, das Furzen oder gar das Masturbieren der anderen fünfzehn Männer. Manchmal hörst du sogar die Stille von sechzehn Menschen, und das ist unerträglich. Die Briefe von Lothar M., die er an mich schreibt, werden von Monat zu Monat klüger. Er wird gewandter in seiner Sprache. Manchmal gar pfiffig. Meine Anträge auf Aufhebung der Unterbringung werden abgelehnt. So zweifle ich oft an meiner Qualifikation. Jetzt warten wir auf den neuen Prozeß. Der alte DDR-Richter ist nicht mehr, wäre auch nicht mehr zuständig. Er ist versetzt worden nach Braunschweig. Jetzt besteht die »Richterbank« nur noch aus Westlern. Ein Vorpensionär als Vorsitzender und zwei Karrierefrauen, Richter auf Probe.

»Das ist nicht gut«, sagt Lothar M. »Wie wollen die verstehen, wie das damals war, was Waldheim bedeutet hat und wie ›Radedorm‹ wirkt, die kennen nur den ›Nordhäuser Doppelkorn‹, aber nicht das Arbeitskollektiv und was es heißt, wegen Diebstahls am Volkseigentum verurteilt zu sein.«

In Uchtspringe, wo das Land Sachsen-Anhalt seinen psychiatrischen Vollzug aufbaut, haben sie schon vor einiger Zeit neue Gitter bekommen. Über den Hof ist jetzt ein Netz gespannt. Damit keiner nach oben entkommen kann. Vor dem Haus steht ein privater Wachmann. In einem letzten Brief hat der Mann aus dem Magdeburger Bahnhof geschrieben, daß vier Gefangene jüngst betrunken gewesen seien und die Pfleger damit nicht fertig wurden. Ein Polizeiaufgebot hat die vier Männer mit Knüppeln und Fäusten ins Gesicht geschlagen. Komisch, schreibt der Mann, in den Zeitungen stand davon nichts.

Uchtspringe ist weit ab von allem. Lothar M. wartet, daß irgend etwas mit ihm passiert, das würdig wäre, Hilfe genannt zu werden. Statt dessen ist es bei ihm, wie es am Anfang war. In seinem Urteil heißt es über seine Kindheit: »Er wurde mit Gegenständen geschlagen, oft nächtelang eingesperrt.« Uchtspringe. Totes Land. Tote Zeit.

Der Haftgrund der Verdunkelungsgefahr

Obwohl der Haftgrund der Verdunkelungsgefahr der vom Gesetzgeber am ausführlichsten normierte und gar durch Untergliederung (a., b., c.) auch systematisierte Grund für eine Inhaftierung darstellt, fehlt in zahlreichen Haftbeschlüssen, die diesen Haftgrund anführen, nicht nur die Benennung von ***bestimmten Tatsachen***, die ihn begründen müssen, auch die konkrete, zu erwartende Verdunkelungshandlung wird in der Regel nicht angeführt.

Eine empirische Arbeit, die diese Hypothese zu stützen vermag, liegt nicht vor. Daß ich sie vertrete, ist das Ergebnis von Gesprächen mit Verteidigerkollegen, Ergebnis der eigenen Verteidigertätigkeit sowie Ergebnis eines in der älteren Literatur immer wieder geschilderten Dilemmas der westdeutschen Haftpraxis. Beispielsweise führt Schmidt-Leichner aus:

»Man kann die Begründung der Haftbefehle wegen Verdunkelungsgefahr im allgemeinen nur als chaotisch bezeichnen. Man darf ohne Übertreibung feststellen, daß die Praxis der Haftrichter und vieler Landgerichte – von der Polizeipraxis ganz zu schweigen – mit dem Haftgrund der Verdunkelungsgefahr niemals fertig geworden sind, obwohl die Folgen eines derart begründeten Haftbefehls bis zu seiner Aufhebung durch die höhere Instanz, meistens erst das Oberlandesgericht, besonders einschneidend für den Betroffenen sind.«[1]

[1] Schmidt-Leichner, NJW 1959, Haftbefehl und Regreß, S. 841 (844)

Daß diese Praxis keineswegs antiquiert oder gar überholt ist, sollen zwei Formulierungsbeispiele aus Haftbeschlüssen von zwei verschiedenen Amtsgerichten belegen:

1. Fallgruppe

Ein 36 Jahre alter Beschuldigter wurde unter dem Vorwurf vorläufig festgenommen, er habe versucht, eine Frau mit Gewalt zum außerehelichen Beischlaf zu nötigen. In dem Haftbefehl vom 21. 02. 1986 (56 Gs 67/86 AG Gießen) heißt es:

»Es besteht die Gefahr, daß der Beschuldigte, auf freiem Fuß belassen, auf Zeugen einzuwirken versuchen wird, und zwar in unlauterer Weise, und dadurch die Gefahr besteht, daß die Ermittlungen erschwert werden. Dies ist aus der Einlassung des Beschuldigten zu entnehmen, der den Tatvorwurf nicht nur nicht bestritten hat, sondern falsche Angaben gemacht hat, um seine Täterschaft zu verschleiern.«

Dies war die ganze Begründung zum Haftgrund der Verdunkelungsgefahr. Bereits 2 Tage später stellte sich aufgrund der Ermittlungen durch die Verteidiger heraus, daß der Tatvorwurf eine reine Kreation des Vaters des angeblichen Tatopfers war. Der Beschuldigte wurde auf freien Fuß gesetzt.

2. Fallgruppe

Das Amtsgericht Butzbach (Az.: 56 Gs 67/86) erließ am 6. 4. 1990 Haftbefehl wegen Verdunkelungsgefahr. Die gesamte Begründung lautete:

»Es besteht gegen ihn der Haftgrund des § 112 Abs. 2 Ziff. 3b StPO, weil Verdunkelungsgefahr gegeben ist. Der Beschuldigte hat bisher – außer daß er die Tat pauschal bestritten hat – keine Angaben zur Sache gemacht. Es steht zu befürchten, daß er die Personen, die ihn mit Haschisch beliefert haben und an die er auch Haschisch verkauft hat, warnen wird.«

Im Haftprüfungsverfahren hat der Beschuldigte die Tat eingeräumt. Der Haftgrund der Verdunkelungsgefahr wurde vom AG weiterhin bejaht. Auf die Beschwerde hin setzte das LG lediglich den Vollzug aus.

Im Grunde genommen hat Alsberg alles gesagt, indem er seine Kritik am Haftgrund der Verdunkelung oder der Kollusion in seinem Aufsatz »Die Untersuchungshaft«[2] wie folgt zusammenfaßt:

»Richter, die Hunderte von Malen in den Gründen ihrer Urteile den von ihnen Abgeurteilten das hartnäckige Leugnen attestiert haben, sehen, wenn sie über einen Haftantrag entscheiden sollen, in jedem Beschuldigten nur den entmutigten, zerbrochenen Schwächling, der nur die Flucht, nicht den Kampf auf sein Panier geschrieben hat.

Oder will man diesen Kampfeswillen brechen? Das ist in Wahrheit der tiefere, meist nur dunkel empfundene, selten zugegebene Sinn sehr vieler Haftbefehle. Vor allem diejenigen, die auf Kollusionsverdacht gestützt werden. Zwar lehren Loewe/Rosenberg zu § 112 SUB 5, was ja eigentlich auch schon mit dürren Worten im Gesetz gesagt ist, daß die bloße in jeder Strafsache mögliche Vermutung einer Kollusion nicht hinreicht; daß die Besorgnis einer Kollusion aus der Lage des konkreten Falles hergeleitet und sich auf tatsächliche Anhaltspunkte stützen muß. Aber suchen Sie sich aus den Tausenden von deutschen Untersuchungsrichtern

[2] Alsberg, Max, JW 1925, 1433-1439

diejenigen heraus, die mit der Hand aufs Herz erklären können: Das war die Maxime, die mich unentwegt geleitet hat.«[3]

Alsbergs Kritik an der Praxis der Untersuchungshaft konnte sich zum damaligen Zeitpunkt noch einer größeren Wirkung im Schrifttum, aber auch innerhalb der Demokratischen Parteien der Weimarer Republik sicher sein. Der Haftgrund der Verdunkelungsgefahr wurde in der wissenschaftlichen Literatur von der Jahrhundertwende bis in die 20er Jahre hinein weitgehend abgelehnt.[4]

Dahs hebt in seiner Darstellung über Recht und Unrecht der Untersuchungshaft hervor[5], daß es vor der Reichstagskommission bei der Beratung des ersten Regierungsentwurfes zu § 112 einen Minimalkonsens dahingehend gab, daß der Verdunkelungsverdacht allenfalls aus bereits vorliegenden Tatsachen gefolgert und gestützt werden sollte. In der Kommission »wurde der Antrag gestellt, die Kollusionshaft überhaupt zu beseitigen oder wenigstens sie insoweit abzuschaffen, als sie der Sicherung des Zeugenbeweises diene.«[6]

Nachdem dieser Antrag bereits angenommen worden war, kam es noch einmal zu einer Abstimmung, der zur Ablehnung (bei 10 zu 9 Stimmen) führte.

[3] JW 1925, 1435

[4] vgl. Nachweise bei Rosenberg, *Beiträge zur Reform des Strafprozesses*, Berlin 1909

[5] NJW 1955, S. 508

[6] Dahs, Hans, NJW 1959, 508

Am 28. September 1906 beschloß der Parteitag der Sozialdemokratischen Partei Deutschlands, die Abschaffung der Kollusionshaft zu verlangen.[7] Danach aber schwiegen die kritischen Stimmen des Parlamentes.

Der erste deutsche Bundestag hat bei seinen Beratungen über das »Gesetz zur Wiederherstellung der Rechtseinheit« das Problem der Kollusionshaft, den Ge- und Mißbrauch dieses Haftgrundes während des Nationalsozialismus ausweislich der Bundestagsprotokolle nicht diskutiert und demgemäß keine normativen Konsequenzen gezogen.

Die Auseinandersetzung in der Literatur beschränkte sich zeitlich vor allem auf die 50er und 60er Jahre[8], sehen wir von den Aktualisierungen der Kommentierung zu § 112 StPO ab, so ist der Diskurs um den Haftgrund der Verdunkelungsgefahr abgebrochen, obwohl die Praxis dieses Haftgrundes nach wie vor rechtsfehlerhaft und von alltagstheoretischen Prognosen bestimmt wird.

Zu Recht haben die strafverteidigenden Autoren Dahs und Schmidt-Leichner immer wieder hervorgehoben, daß die Judikatur der Oberlandesgerichte »nicht müde geworden ist«, gegen Mutmaßungsbegründungen rechtsstaatliche Entscheidungen zu setzen. Es liegt jedoch auf der Hand, daß man in den wenigsten Fällen über die weitere Beschwerde zum Oberlandesgericht gelangt, insbesondere nicht, wenn unter Aufrechterhaltung des Haftgrundes vom Beschwerdegericht eine Außervollzugsetzung erfolgt.

[7] vgl. Rosenberg, a.a.O., S. 252
[8] vgl. Fn. 1, 5, 6, 9

§ 112 Abs. 2 der Strafprozeßordnung stellt als erste Voraussetzung auf, daß für die dort genannten Haftgründe unzweideutig das Vorliegen »bestimmter Tatsachen« Conditio sine qua non ist. Diese Erfordernis steht im deutlichen Gegensatz zu bloßen Vermutungen, die in der Haftpraxis aber häufig als ausreichend angesehen werden. So ist eine Vermischung zwischen der Erfordernis der bestimmten Tatsachen im Haftbeschluß[9] und Mutmaßungen über ein künftiges Verhalten des oder der Beschuldigten, welches Anlaß geben könnte, dies (nämlich die Tathandlungen a) bis c)) künftig zu tun, Kennzeichen des hier geschilderten Falles 1. Diese Tendenz, von der Dahs ausführlich berichtet[10], gipfelt in der Schlußfolgerung, es gäbe Straftaten, »die schon ihrer Eigenart nach von vornherein auf Verdunkelung angelegt seien und in Ausformung und Planung« der Verdunkelung geradezu bedürfen.[11] Diese Auffassung ist allenfalls das Ergebnis einer Gesetzesauslegung, die von Billigkeitserwägungen bestimmt ist, jedoch im Gegensatz zur sprachlichen und systematischen Auslegung des § 112 steht.

Das Merkmal der »bestimmten Tatsache(n)«

Tatsachengrundlage kann allein das in der Ermittlungsakte im Zeitpunkt der Entscheidung zusammengetragene Beweisermittlungsmaterial sein. Wenn im Haftverfahren (nur) im Wege des Freibeweises zu prüfen ist, so ist »der

[9] Zu den Anforderungen an den Inhalt eines Haftbeschlusses allgemein: OLG Düsseldorf StV 1991, 521 f mit Anmerkung Schlothauer

[10] Dahs, Hans, *Apokryphe Haftgründe, FS-Dünnebier,* 1982, S. 227

[11] so OLG Koblenz, Beschluß vom 28. 01. 1976 – 1 WS 35/76

Grund« allein und ausschließlich das vorliegende Aktenmaterial, in keinem Falle aber kann es sich um noch ausstehende oder von der Ermittlungsbehörde in Aussicht gestellte Ermittlungsergebnisse handeln.[12]

Der Gesetzgeber hat auf »bestimmte objektiv festgestellte Tatsachen« abgehoben (BT Drucks. zu IV. 1020, 52). Das erkenntnistheoretische Problem liegt hier in der Differenzierung zwischen der reinen Wahrnehmung im sensitiven Sinne und dem Beginn der Verarbeitung oder der Interpretation von Wahrnehmung.

Wenn Wendisch die Auffassung vertritt, daß die meisten unserer Wahrnehmungen »(bereits) Schlüsse sind, als Grundlage des logischen Urteils«, so mag man hier streiten können, ob damit nicht bereits die Wahrnehmungsebene verlassen wurde. Übereinstimmend kann man jedoch mit seiner Kommentierung, die sich am Wortlaut orientiert, verlangen, daß der Haftrichter nur auf äußerlich wahrnehmbare Ergebnisse oder Einflüsse, »die zu deuten der Beobachter keiner oder nur einfacher Schlüsse bedarf«, abstellen darf. Ausschließlich aus diesem Tatsachenmaterial darf die Verdunkelungsgefahr hergeleitet werden. Ausschließlich aus diesem Tatsachenmaterial ergeben sich die Handlungen der Ziffer 3. a), b) und c). Einige Autoren der Strafprozeßliteratur relativieren dieses durchaus strenge Erfordernis, indem sie beginnen, den Gefahrenbegriff des Abs. 2 zu relativieren.[13]

[12] L-R-Wendisch, § 112 Rn. 25; Gössel 5b II Peters Rn. 27

[13] vgl. Kleinknecht/Meyer, § 112 Randziff. 35 mit Nachweisen

Verdunkelungshandlungen

Die abschließend aufgeführten Verdunkelungshandlungen des oder der Beschuldigten sind darin zu sehen, daß Einwirkungen auf sachliche oder persönliche Beweismittel stattfinden oder daß dritte Personen oder Personengruppen zu solchem Verhalten veranlaßt werden. Während beim Einwirken auf persönliche Beweismittel der Gesetzgeber das Tatbestandsmerkmal der Unlauterbarkeit explizit aufführt, muß dieses bei den Handlungen auf die sachlichen Beweismittel mit hineingelesen werden.[14]

Einwirkung auf sachliche Beweismittel

Beim Einwirken auf die sachlichen Beweismittel ist es ohne Bedeutung, ob der Beschuldigte zivilrechtlich hierüber verfügen darf oder nicht. Zwar mag ihm erlaubt sein, ein ihm gehöriges Schreiben zu verbrennen oder ein Tonband zu löschen. So es beweiserheblich ist und vernichtet wird, stellt dies eine Beweismittelvernichtung bzw. -veränderung dar. Es entspricht h.M., daß Verdunkelungsmaßnahmen sich auch auf beschlagnahmefreie Gegenstände beziehen können, dies jedoch nur, sofern der Beschuldigte mit einer freiwilligen Herausgabe durch den Gewahrsamsinhaber rechnen muß.[15] Können die Ermittlungsbehörden nicht mehr jederzeit und unverändert über das Beweismittel verfügen und wurde dies vom Beschuldigten bewirkt, so liegt

[14] a.A. Kleinknecht/Meyer, § 112 Randziff. 32; unklar KK Boujong, § 122 Randziff. 32

[15] Müller KMR Rn. 9; KK Boujong Rn 33

hierin ein Beiseiteschaffen. Der Begriff des Fälschens ist unzweifelhaft weit auszulegen, so daß die Anfertigung, Herstellung und Konstruktion neuer Beweismittel, worunter auch Anknüpfungstatsachen für Gutachten anzusehen sind, ebenfalls unter diese Verdunkelungshandlung fallen.[16]

Einwirken auf persönliche Beweismittel

Der Gesetzgeber hat Mitbeschuldigte, Zeugen oder Sachverständige als persönliche Beweismittel aufgeführt.

Hierbei ist zu berücksichtigen, daß die Eigenschaft, Beschuldigter, Zeuge oder Sachverständiger zu sein, im Sinne der Vorschriften des 6. Abschnitts der StPO nur deklaratorisch und nicht konstitutiv ist. Die Zeugen-, Sachverständigen- oder Mitbeschuldigteneigenschaft hängt daher vom Tatsächlichen und nicht vom Deklaratorischen ab. Es ist ausreichend, daß die betreffenden Personen künftig in der genannten Funktion am Verfahren teilnehmen können. Dies aber ist objektiv zu beurteilen und nicht ausschließlich aus der subjektiven Perspektive, daß der Beschuldigte damit rechnet oder rechnen könnte (so aber vermutlich KK-Boujong, Rn. 34).

Selbstverständlich ist der Beschuldigte, und auch sein Verteidiger, befugt, im Ermittlungsverfahren selbst tätig zu werden. Dies schließt sowohl die Recherche ein als auch mögliche Gespräche mit Zeugen, Sachverständigen oder Mitbeschuldigten. Die Handlung des Einwirkens ist inso-

[16] so auch Wendisch LR Rn. 47

weit eng auszulegen, als daß hier ein Nachweis erfolgen muß, daß die wahre Beweislage zu Gunsten des Beschuldigten verändert werden soll.[17] Die Einwirkung muß geradezu darauf abzielen, die Realitäten, die Tatsachengrundlagen, die Wahrnehmungen, die Beobachtungen zu Gunsten des Beschuldigten zu verändern, also fiktive Realitäten zu schaffen. Dem Tatbestandsmerkmal der Unlauterkeit ist besondere Beachtung zu schenken. Die Einwirkung muß explizit contra legem sein. Neben Zeugensuche und Zeugengesprächen ist insbesondere nicht unlauter:

Ein Hinweis auf das Zeugnisverweigerungsrecht und der Ratschlag, davon Gebrauch zu machen (Bremen MdR 51, 55), insbesondere die Verweigerung der Aussage (OLG Frankfurt NJW 1960, 351, 352), oder das bloße Bestreiten der Tat und auch der Widerruf eines Geständnisses, aber auch die Verweigerung einer Blutprobe[18] sind statthafte Handlungen.

Veranlassung Dritter, die Tathandlungen nach a) und b) zu begehen

Nimmt man auch hier das Tatbestandsmerkmal der bestimmten Tatsache ernst, so ist im Haftbefehl anzugeben, um welche Personen, zumindest Personengruppe, es sich hier überhaupt handeln könnte. Zwar wird in der Kommentarliteratur immer wieder hervorgehoben, daß es gleichgültig sein könne, ob der andere überhaupt ein Wissen bzw. einen Vorsatz hinsichtlich dieser Handlung habe,

[17] so auch KK Boujong, Rn. 34

[18] Dahs, in NJW 1965, 889

so ist ein solcher Fall in der Praxis kaum denkbar. Im Interaktionsverhältnis zwischen Beschuldigten und Veranlaßtem, also Drittem, muß das Moment des Wissens zumindest auf beiden Seiten vorhanden sein, wobei auf das voluntative Element beim Dritten allseits verzichtet wird.[19]

Der Gefahrenbegriff des § 112

Es muß zumindest eine konkrete Gefahr drohen, so daß die Sachaufklärung erschwert wird.[20] Das ist dann nicht mehr der Fall, wenn die Sache in vollem Umfange aufgeklärt ist oder wenn die Beweise in einem Maße gesichert sind, daß der Beschuldigte überführt werden kann.[21] Ist daher der konkrete Tatvorwurf gegenüber dem Beschuldigten aufgeklärt, so fehlt es zumindest am Tatbestandsmerkmal der konkreten Gefahr der Sachaufklärung. Insbesondere im Verhältnis von Drogentäter, also Klein- oder Mitteldealer, zu größeren Dealerorganisationen kann immer nur vom konkreten Tatvorwurf gegenüber dem Beschuldigten ausgegangen werden. Die Polizei und die Haftrichter weiten den Gefahrenbegriff jedoch auch auf künftige Täter aus und verstoßen mit ihren präventiven Absichten gegen das Gesetz. Die Entscheidung des LG Verden[22] hat eindringlich hervorgehoben, daß der Umstand, daß Mittäter nicht genannt werden oder auch nur

[19] LR Wendisch, Rn. 49; KK Boujong, Rn. 36
[20] KK Boujong, Rn. 37
[21] Kleinknecht, JZ 1965, 113, 116
[22] StV 1982, 374

das Versteck von Beute ungenannt bleibt, die Verdunkelungsgefahr nicht begründen können.

Die Hoffnung auf eine demokratiefreundliche, also verfassungskonforme oder auch präzise, am Wortlaut orientierte Auslegung der Haftgründe des § 112 StPO wird sich in der Haftpraxis kaum erfüllen lassen. Gerade die Haftpraxis ist wenigen empirischen Untersuchungen zugänglich. Im Haftverfahren ist die rechtliche Position des Verteidigers trotz des ausführlichen Rechtsmittelverfahrens der §§ 117 ff. StPO in concreto schwach ausgebildet.

So gilt es, sich rechtspolitisch alter Forderungen zu erinnern, und wenn die Forderung der Sozialdemokratischen Partei der Weimarer Republik nach Abschaffung der Kollusionshaft fast 90 Jahre später nicht durchsetzbar scheint, so ist doch zumindest mit Dünnebier de lege ferenda zu fordern, daß die Kollusionshaft auf maximal 3 Monate gesetzlich befristet wird, statt sie ausweiten zu wollen, wie der grüne Justizminister von Plottnitz es jüngst[23] erwogen hat.

[23] vgl. *Frankfurter Rundschau* vom 7. Juli 1996.

Bad Kleinen 1996

Es ist Winter. Aus dem Schweriner Schloß ist ein Eispalast geworden. Darin sitzen noch immer die Koalitionäre von CDU und SPD. Der Ministerpräsident träumt von einer Alleinregierung. Der stellvertretende Ministerpräsident spekuliert, ob nicht die PDS der geeignete Koalitionspartner sein könnte. Dabei existieren die stillen PDS/CDU Koalitionen auf dem platten Lande schon seit Jahren. Die offizielle Politik nimmt sie nicht zur Kenntnis, und das Eis will nicht schmelzen. Gegenüber im Theaterhaus macht die Welt noch einen Sinn. Die Garderobieren sind zwar gekündigt, aber im Schauspiel inszeniert man Borchert, »Draußen vor der Tür«. Einige Straßen weiter im Konsistorium der Landeskirche Mecklenburg der Landesbischof Christoph Stier. Er spürt, daß nun endgültig die alten Werte von Solidarität und Zuversicht abhanden gekommen sind. Der Kirchenpräsident hat das sinkende Schiff verlassen. Woher nehmen und nicht stehlen? Die Kirche und das Geld. Es schneit in der Landeshauptstadt Schwerin, und ich suche den Weg nach Bad Kleinen. Man muß den See umfahren, in östlicher Richtung, vorbei am Zoo und den alten Hotelbauten des FDGB. Auf der Ostseite liegt das Landeskriminalamt. Sein Präsident steht im Verdacht, allzu gute Kontakte zur Zuhälterszene in Schwerin unterhalten zu haben. Ich erinnere mich an »Polizeiruf 110« mit Kurt Böwe und an seine Inszenierung am Deutschen Theater, wo er den Herrn Paul gespielt hat. Im »Polizeiruf« hilft Kommissar

Böwe einer Asiatin, sich aus dem Hamburger Milieu zu befreien. Und die Hamburger Kripo hält den Ossi-Kommissar für einen völligen Idioten. Böwe glaubt noch an Gerechtigkeit und daß der Mensch dem Menschen ein Helfer sein könnte: die Straßen von Schwerin, in Schwerin und um Schwerin herum.

Leezen, Rampe und Fiesenow heißen hier die Dörfer, manchmal sind es nur kleine Ansiedlungen, ein bis zwei Gehöfte. Im Winter fällt man auf. Im Sommer gibt es genug Touristen. Von Fiesenow nach Ventschow führt ein ausgebauter Feldweg. Von Ventschow nach Bad Kleinen sind es genau 7,5 Kilometer. Bad Kleinen ist ein langweiliger Ort. Nur Bahnhof und See. Wie eine Kindheitserinnerung. In der Phanatasie ist alles groß. Dann aber, eine einzige Lüge, nur die verkleinerte Ausgabe eines Traumbildes. Ich bin durch die Unterführung gegangen. Ich war auf Bahnsteig drei. Der Kiosk von Frau Baron ist geschlossen. Ich habe den Täter nicht gefunden. Ich habe nach einem Gefühl gesucht, habe versucht nachzuempfinden, zu spüren, wer wo und wann gelogen hat. Es scheint, als kehre man, erwachsen, an einen Ort zurück, den man aus Kindertagen kennt. Aber es ist nur die Illusion der Kindheit. Wir kennen die Bilder vom Bahnsteig, von den Männern mit den schwarzen Kapuzen. Aber wir kennen sie aus der Regenbogenpresse. Wo und wann haben sie uns belogen? Die Erwachsenen! Und alle, die dafür verantwortlich sind, wie eine Meinung im eigenen Kopf entsteht?

Ich laufe durch die Unterführung, gehe die Treppe hoch auf den Bahnsteig zu den Gleisen drei und vier. Der Kiosk von Frau Baron ist geschlossen. Was sie jetzt wohl macht. Die Zeugin, die behauptet, gesehen zu haben, wie ein Mann dem auf den Gleisen liegenden Wolfgang Grams in den Kopf geschossen hat? Man hat aus ihr eine Trinkerin gemacht. Eine unzuverlässige, vage, von Falschwahrnehmungen geprägte Zeugin. »Die hat aber nie getrunken«, sagt mir der Schaffner auf Gleis drei. »Und wenn die heute trinken würde, können Sie das nicht verstehen?« Ich kann es verstehen. »Eine vernünftige Frau«, sagt der Apotheker Christian Poppe, »sie war ja wohl von allen Unbeteiligten am nächsten dran.« Vom Kiosk der Frau Baron bis zu der Stelle, an der Wolfgang Grams lag, sind es höchstens drei bis vier Meter.

Und der andere Mann. Der andere Zeuge. Da gab es einen GSG-9-Beamten, der dem *Spiegel*-Redakteur Hans Leyendecker gegenüber bekundet hat, man habe Wolfgang Grams hingerichtet. Lebt der Mann überhaupt noch?

Ich habe mit dem Mann vom *Spiegel* gesprochen. Ich habe ihm vorgeworfen, der *Spiegel* habe irgendwann aus Angst und Opportunität seine eigene Position aufgegeben.

»Ich nicht und auch nicht der *Spiegel*«, hat Herr Leyendecker geantwortet und war zornig.

Wir haben uns am Telefon lange über Glaubwürdigkeitslehre unterhalten.

Das einzige Standardwerk, das vom Thema »Glaubwürdigkeit« von Zeugen und von »Vernehmungslehre« handelt, hat der ehemalige OLG-Richter Rolf Bender verfaßt. Da gibt es Checklisten zur Glaubwürdigkeitskontrolle, »Acht Regeln zur Vernehmung«, »Sieben Sprachgesetze« oder »Acht Typen von Auskunftspersonen«. Da hat einer versucht, etwas Systematik in das rein Intuitive hineinzugeben, etwas zu lehren und zu vermitteln, was Richter oder Staatsanwälte nirgendwo in ihrer Ausbildung lernen.

Rolf Bender ist auch der Erfinder des »Colombo-Effektes«. Hans Leyendecker hat Bender gelesen. Ich spreche also mit einem Fachmann. »Glauben Sie mir«, sagt mir Herr Leyendecker, »der Beamte, mein unbenannter Zeuge, erfüllt nicht ein, auch nicht ein einziges Merkmal der Unglaubwürdigkeit. Und Geld hat er von uns auch keines bekommen.« Ich glaube ihm. Das Beichtgeheimnis und das Zeugnisverweigerungsrecht eines Journalisten bleiben unverletzbar: Auch im ›Falle Wolfgang Grams‹.

Die Hände

Als er tot war, haben sie ihn nach Lübeck verbracht und ins Kühlhaus gelegt. Am Abend trafen sieben BKA-Beamte in der Klinik ein. Zwei Beamte gingen zusammen mit dem diensthabenden Arzt in den Kühlraum. Der diensthabende Arzt gibt an, daß die rechte Hand mit Blut und mit öliger Schmiere stark verschmutzt war. Da die BKA-Beamten Fingerabdrücke abnehmen wollten, wusch er beide Hände ab. Er selbst hat die rechte Hand gewaschen und dabei starken Druck ausgeübt. Die Hände wurden vor dem Waschen nicht einmal fotografiert. Damit wurden Spuren beseitigt, die darüber hätten aussagen können, ob Grams mit dieser Hand auf sich selbst geschossen hätte: Blutspritzer, Schmauchspuren.

Schon im Juli, drei Wochen nach dem Tod von Grams, habe ich den Anwalt der Familie kennengelernt. Es wird dem Bundeskriminalamt und der Regenbogenpresse schwer fallen, den jungen Strafverteidiger in die Kategorie des klassischen »RAF-Anwaltes« einzuordnen. Auch mit der »Zweiten Generation« wird es schwierig werden. Ja, wir werden alle älter.

Rechtsanwalt Groß ist Anfang dreißig, als er den Fall

übernahm, muß er kurz vorher das Examen gemacht haben. Die Verbindung zwischen dem Verteidiger und dem Toten, der Angeklagten Hogefeld sind emotionale Verbindungen zwischen Mitschülern, oder Nachbarskindern, alle aufgewachsen in derselben Stadt: Wiesbaden.

Weitere Zeugen

Weder Frau Baron war der einzige Zeuge, noch der unbekannt gebliebene GSG-9-Polizist.

Ein Ehepaar, erzählt mir Rechtsanwalt Groß, das den Zugriff aus einem Zug auf dem Bahnsteig 1/2 beobachtet hat, wird danach zweimal von Vermummten mit Maschinenpistolen im Anschlag kontrolliert. Vernommen wird das Paar nur, weil es sich bei der Staatsanwaltschaft in Schwerin meldet.

Ein ziviler Zeuge stand auf Bahnsteig 3/4. Anläßlich seiner ersten Vernehmung bestätigt er die Beobachtungen der Zeugin Baron. Bei der zweiten, dritten und schließlich vierten Vernehmung verändert sich der Inhalt seiner Aussage dahingehend, daß ein dem Opfer Grams nachspringender GSG-9-Mann nun nicht mehr unmittelbar folgte, sondern eine Zeiteinheit sich aufbaut, die zuletzt bei einem Abstand von 40 Sekunden anlangt.

Und die Reichsbahn? Die Reichsbahner. War der Bahnhof leergefegt, gab es kein Personal? Wäre dem so gewesen, hätten Frau Hogefeld und Herr Grams den Bahnhof nie betreten, denn jahrelange Flucht macht sensibel für außergewöhnliche Situationen.

Da gab es den Stellwerksmeister B. Auf dem Stellwerk war außerdem ein Auszubildender. Vom Stellwerk aus ein freier Blick nach allen Seiten. Warum spricht der junge Mann nicht mehr? Wer Jahre später, als unbeteiligter Dritter, allenfalls gewappnet mit professionellem Mißtrauen gegenüber diesem Land und seinen Polizisten, in Bad Kleinen sich umhört, stößt auf eine Regel: Je weiter weg einer war vom Bahnhof und vom Geschehen auf dem Bahnsteig, desto spannender berichtet er von der Schießerei und allem, was sich darum drehte. Wer räumlich näher daran war und alle hätte sehen können, wird dagegen schweigsam, nachdenklich und still.

»Die wissenschaftliche Hauptstütze der Selbstmordbehauptung ist nicht so sehr der von offizieller Seite hochgelobte Wissenschaftliche Dienst der Stadtpolizei Zürich, sondern der Münsteraner Rechtsmediziner Prof. Brinkmann. Er ist der einzige der von der StA Schwerin bestellten Gutachter, der behauptet, einen Selbstmord beweisen zu können. Sein Gutachten wurde durch ein Gegengutachten, das die Anwälte der Eltern Grams durch den Düsseldorfer Rechtsmediziner Prof. Bonte anfertigen ließen, in allen Punkten widerlegt. Auffälligerweise sind gerade bei Prof. Brinkmann, einem Freund des Schweriner Oberstaatsanwaltes Schwarz, auch einige wichtige Spuren zugunsten nebensächlicher Untersuchungen vernichtet worden.

Prof. Bonte hat auch schlüssig nachgewiesen, daß Wolfgang Grams die Waffe entwunden wurde. Bis heute hat aber kein eingesetzter Beamter zugegeben, überhaupt näher als anderthalb Meter an Wolfgang Grams herangekommen zu sein, geschweige denn ihn berührt zu haben.

Entgegen jeder Logik behauptet die Polizei, auf dem Bahnsteig 3/4, auf den Wolfgang Grams geflohen ist, seien keine Beamten eingesetzt gewesen. Die dafür angegebenen Begründungen halten einer Überprüfung nicht stand. Es gibt Hinweise darauf, daß dort noch mehr Beamte postiert waren. GSG 9 Nr. 4, der seinen Posten dort unmittelbar vor dem Zugriff verlassen haben will, verstrickt sich in eine Unzahl von Widersprüchen.«[1]

Im Herbst 1995 bekam Rechtsanwalt Groß einen Hinweis darauf, daß man seine Büroräume abhören würde. Rechtsanwalt Groß informierte die örtliche und überregionale Presse.

Unmittelbar darauf verließen drei Herren aus der gegenüberliegenden Wohnung mit mehreren Koffern das Gebäude. Die Wohnung im dritten Stock war für drei Monate angemietet worden. Über die Mieter konnte und wollte der Hauseigentümer keine Auskunft geben.

»Eigentlich ist es wie in einem Film mit Lino Ventura«, sagt der Rechtsanwalt, »nur daß ich mitten drin bin und es gar nicht glauben kann.«

Vor dem Oberlandesgericht in Rostock liegt jetzt ein Antrag der Rechtsänwälte der Familie Grams. Er umfaßt 1300 Seiten. Andere hätten sich mit einer solchen Schrift habilitiert.

Vor Herbst 1996 ist mit einer Entscheidung im Klageerzwingungsverfahren nicht zu rechnen. Vielleicht steht in der Bibliothek des Oberlandesgerichts das Buch von Rolf Bender. Und vielleicht hat einer der Herren Richter sogar darin gelesen. Rein zufällig. Dann wäre die Frage, ob die GSG-9-Beamten Nr. 6 und Nr. 8 sich Gedanken machen

[1] Institut für Sozialgeschichte (Herausgeber), Bad Kleinen, Berlin 1994, S. 61

müssen über ihre weitere berufliche Zukunft, wieder ein rechtsstaatliches Problem. Dieses Problem liegt jetzt in Rostock 160 Kilometer vom Tatort entfernt.

Es wird dunkel. Ich verlasse den Bahnsteig. Es gibt keine schnellen Lösungen, wenn es um Mord geht. Frau Weimar hat acht Jahre auf ihre Wiederaufnahme gewartet, und Vera Brühne wartet noch immer. Tote kommen nie wieder. Auch Täter kehren heutzutage kaum noch an den Tatort zurück.

Anselm von Feuerbach: Kaspar Hausers Detektiv

Wer kennt sie nicht, die These 11, am Hauptportal der Humboldt-Universität, die Marxsche Erwiderung auf die Religionskritik des Ludwig von Feuerbach:

»Die Philosophen haben versucht, die Welt verschieden zu interpretieren. Es geht darum, sie zu verändern.«

Ach, hätte Marx die familiäre Herkunft des Ludwig gekannt, hätte er eine Ahnung davon gehabt, wie unrecht er den Feuerbachs tut, wie doch ihr Leben geprägt war von einer rastlosen Suche nach gesellschaftlicher Veränderung, bis hin zur Zerstörung der eigenen Person, so hätte er sich, für die Formulierung seiner Kritik, für seinen Aufruf zu einer Philosophie der Praxis, einen anderen Adressaten gesucht. Insoweit unterstelle ich dem Gelehrten aus Trier eine Moral, die sich ohne weiteres aus den Berichten der ihn observierenden Polizeispitzel ableiten läßt.

Der ältere Bruder Ludwigs, der Mathematiker Karl von Feuerbach, wurde bereits 1824 wegen demagogischer Umtriebe verhaftet, der Aufrührer erkrankte später psychotisch an den Haftbedingungen im Turm. In der Sprache des Vaters Anselm von Feuerbach liest sich dies wie folgt:

»Mein zweiter, Karl, der Naturwissenschaftler, wurde als Professor der Mathematik am Gymnasium zu Erlangen wegen demagogischer Umtriebe plötzlich verhaftet und in den neuen Turm nach München verschleppt. Dort im Ker-

ker öffnete er sich mit einem Federmesser, das man ihm gelassen hatte, obschon der Gerichtsarzt über ihn geurteilt, daß er an den Grenzen des Wahnsinns stehe, die Pulsadern. Achtzehn Unzen Blut hatte er verloren, als der Gefängniswärter ihn auffand. Notdürftig verbunden wurde er hernach ins Krankenhaus verbracht.«[1]

Der alte Feuerbach war bis zu seinem Tode Präsident des Appellationsgerichts in Ansbach. Seine Wortwahl verrät den Kritiker des Strafrechts. Hinter ihm, dem Vater Ludwigs des Philosophen, Karls des Mathematikers und Anselms des Archäologen, verbirgt sich einer der interessantesten Strafpolitiker des 19. Jahrhunderts, zudem war er literarischer Chronist »merkwürdiger Verbrechen« dieser Zeit und nicht zuletzt ein ungeliebter Detektiv. Feuerbach war es, der im Fall des Kaspar Hauser die wichtigsten Recherchen zusammentrug, die in der These endeten, der Junge sei ein badischer Prinz. Feuerbach schrieb darüber, und die Monographie heißt *Ein Verbrechen am Seelenleben des Menschen.*

Paul Johann Anselm Feuerbach wurde am 14. November 1775 in Hainichen bei Jena geboren. Seine Eltern heirateten zwei Jahre später, und der Vater ließ sich alsbald in Frankfurt am Main als Advokat nieder. Anselm war noch keine siebzehn Jahre alt, als er aus dem Elternhaus floh: von Frankfurt nach Jena und dort an die Universität. Seine erste

[1] alle hier nicht gekennzeichneten Zitate stammen aus Feuerbachs letzter autobiographischer Notiz: »Versuch einer Selbstdarstellung (1833).« Quelle: Anselm von Feuerbach, *Merkwürdige Verbrechen,* Frankfurt am Main 1993

Buchveröffentlichung (1795) mit kaum zwanzig Jahren ist zugleich seine Promotion. Früh beginnt er eines seiner wissenschaftlichen und existentiellen Grundthemen zu formulieren. Es ist die Frage nach der »Gültigkeit natürlicher Rechte«. Es ist keine naive Frage nach einem wie auch immer gearteten Naturrecht. Es ist Naturrecht als ein forderndes Recht, eines, das sich den bewahrenden und autoritären Verhältnissen entgegenstellt.

Im selben Jahr verfaßt Feuerbach eine Selbstdarstellung, die seine Leidenschaft zur tiefenpsychologischen Deutung offenbar werden läßt. Eine Begabung, die ihm insbesondere bei der späteren Abfassung *Merkwürdiger Verbrechen* zu Hilfe kommen wird.

»Von Natur aus habe ich einen großen Hang zu allen Arten des Lasters.« (S. 379)

So bleibt Anselm Feuerbach zunächst sich und der wissenschaftlichen Karriere treu, schreibt einen »Anti-Hobbes«, verliebt sich und heiratet Wilhelmine Tröster, lehrt ab 1799 an der Universität in Jena, erhält 1801 einen Lehrstuhl für Strafrecht in Kiel und wird 1803 an die Universität in Landshut berufen. Einer seiner größten Fehler, wie er später konstatieren wird, war die Annahme des Rufes und der Umzug nach Bayern.

»Doch der Drang, eine größere Rolle zu spielen, und eine gewisse Unstetheit, die mir besonders in jungen Jahren im Blute lag, trieben mich alsbald von Kiel wieder fort an die neu errichtete kurfürstlich bayrische Universität zu Landshut.«

Hier leidet Feuerbach »wie ein Hund«. Die Machenschaften gegen ihn als »einen Ausländer in Bayern« waren so übermächtig, daß er sich alsbald aus der Öffentlichkeit zurückzog.

Sein schlimmster Kontrahent war der Prokanzler der Universität, ein »sittenloser Wollüstling«, der Feuerbachs kritischen Geist diskreditierte, wo es nur ging, und der nicht unbeteiligt war an den dann nach innen gerichteten Depressionen.

Dennoch gelang es Feuerbach, nicht zuletzt aufgrund der Sympathien, die Maximilian I. für ihn hegte, großen Einfluß auf die Gesetzgebung des neuen Königreichs Bayern zu gewinnen.

»Insbesondere auf die kriminalistische, so daß das Strafgesetzbuch Bayerns, das seitdem von vielen deutschen wie außerdeutschen Staaten übernommen oder nachgeahmt worden ist, zum größten Teil mein eigenes Werk gewesen ist. Ich darf ohne Übertreibung behaupten, daß Bayern dank dieses ersten deutschen Strafgesetzbuches Jahrzehnte lang an der Spitze der Gesetzgebungskunst in Deutschland gestanden (hat).«

Der dem Römischen Recht zugeschriebene und immer noch in § 1 Strafgesetzbuch niedergeschriebene Grundsatz: »nulla poena sine lege«, keine Strafe ohne Gesetz, ist eine liberale Erfindung von Feuerbach, übrigens eine der ersten strafrechtlichen Grundregeln, die die Nationalsozialisten beseitigten.

Feuerbach wird nach zahlreichen Intrigen am Königshof gegen diesen liberalen und aufsässigen Geist zum wirklich ersten Präsidenten des Appellationsgerichts in Ansbach. Später wird aus diesem Gericht das bis in die 70er Jahre unserer Republik einzige Verwaltungsgericht, das für Asylverfahren zuständig wird. Hier haben bayerische Richter, obwohl mitten in Franken, Ausländerrecht judiziert und hatten über Jahre das Rechtsprechungsmonopol.

»In dem lieblichen, reizend gelegenen Ansbach habe ich nun schon anderthalb Jahrzehnte in steter Pflichterfüllung und strenger Ausübung aller meiner Obliegenheiten zugebracht. Hier ist mir auch der merkwürdigste Kriminalrechtsfall in allernächster Nähe begegnet. Ich spiele dabei auf jenes ungeheuerliche Verbrechen am Seelenleben eines Menschen an, eines Menschen, der unter dem Namen Kaspar Hauser durch mich zu einer Weltberühmtheit geworden ist.«

Feuerbach arbeitet empirisch, deckt Gesten und Mimik eines Menschen auf, der frühkindlich in aristokratischen Kreisen gewesen sein muß.

Feuerbach beschäftigt Kaspar Hauser in Ansbach als Gerichtsschreiber, er bearbeitet mit ihm dessen Träume und bedient sich lange vor Freud der Deutungsmethode von projektiven und symbolischen Anteilen.

»Das Kind ist meiner Meinung nach von der Gräfin von Hochberg entführt und ausgesetzt worden, die in morganatischer Ehe mit dem Vater des Großherzogs von Baden verbunden war und ihren zu großherzöglichen Prinzen erklärten Söhnen nach Erlöschen der Hauptlinie die Erbfolge in Baden sichern wollte, was ihr mit dem Verschwinden des Erbprinzen in der Person des späteren Kaspar Hauser auch geglückt ist... Man hat diese meine Behauptungen von beteiligter höherer Seite als Hirngespinste brandmarken wollen.«

Feuerbach begeht einen Fehler, der ihn zeitlebens beschäftigen wird. Er hat einen englischen Aristokraten, der sich ebenfalls Kaspar Hausers annehmen wird, menschlich falsch eingeschätzt. Der Gönner, wie sich aus seiner späteren Korrespondenz ergibt, war nichts anderes als ein Doppelagent, gefördert vom Hause Baden.

Im Jahre 1832 erscheinen Feuerbachs Recherchen in der genannten Publikation, zugleich verfaßt er ein Dossier in Form eines vertraulichen Memoire an die Königin Karoline von Bayern.

Im Frühjahr 1833 reist Feuerbach, geschwächt durch einen Schlaganfall, nach Frankfurt am Main, um seine Schwester zu treffen. Bei einem Ausflug nach Königsstein bricht er zusammen. Nach einer offiziellen Version ist es ein weiterer Schlaganfall. Die Schwester Feuerbachs berichtet, er habe mehrmals auf dem Sterbebett davon gesprochen, daß man ihm Gift beigebracht habe. Eine Notiz von Feuerbach vom 28. Mai ist verschwunden. Am 29. Mai stirbt er. Sein Biograph, der ehemalige sozialdemokratische Justizminister Radbruch, hält die Mordthese für absurd, ohne weitere Recherchen anzustellen.

Am 17. Dezember 1833 wird Kaspar Hauser umgebracht. Die Recherchen über seine Herkunft werden um die Jahrhundertwende wieder aufgenommen, als keiner der Beteiligten mehr lebt. Einen Abschluß haben sie noch nicht gefunden. Das Badische Königshaus ist bis in diese Tage nicht bereit, die herzöglichen Archive einer historischen Untersuchung zu öffnen.

Wenn Frauen töten

Wenn der Rechtsmediziner spricht, scheint es, als sei der Totengräber auf dem Kirchhof erschienen. Es wird still im Schwurgerichtssaal des Landgerichts Gießen. Man will es wissen. Wie lange kann ein Mensch noch leben, wenn ihm die Halsschlagader durchtrennt wurde? Zehn bis zwanzig Minuten. Wann tritt der Tod bei einem Erhängten ein? In acht bis zehn Minuten. Das ist lang. Länger als erwartet. Lang genug, ein ganzes Leben Revue passieren zu lassen.

Die Angeklagte hat einen Mann erstochen. Der Rechtsmediziner hat das Opfer obduziert. 45 Jahre alt. 63 Kilogramm schwer und 187 cm groß. Die Leiche war mit schwarzgeronnenem Blut überzogen. Dr. Risse dachte zuerst an ein Brandopfer. Aber am Körper findet er die Einstiche. Über 90 an der Zahl und ein S-förmiges Muster. Das Tatwerkzeug ist eindeutig eine Schere. Dr. Risse hat an seinem Institut der Justus Liebig Universität in Gießen annähernd 3000 Obduktionen durchgeführt. Er ist ein sorgfältiger Mensch, und es wundert einen, daß er noch nicht zum Zyniker geworden ist. Im Penis findet er Prostatasekret, aber keine Spermien. Das ist nicht ungewöhnlich, aber auch bei Erhängten gibt es diesen Befund. Da trifft sich wissenschaftliche Empirie mit Alltagstheorie: im Angesicht des Todes ein letzter Abgang.

Verlassen wir den Obduktionssaal und kehren zurück in das Gerichtsgebäude von Gießen. Es liegt in der Ostanlage, zehn Minuten vom Tatort entfernt. Die 5. Strafkammer hat die Aufgabe, die Tötung eines Menschen zu klären, die Richter haben zu prüfen, ob die 24jährige Frau in Notwehr gehandelt oder einen Totschlag begangen hat: Freispruch oder mindestens acht Jahre Freiheitsstrafe. Das ist die Geschichte, wie man sie am zweiten Verhandlungstag im Zuschauerraum hört.

An einem Septemberabend trift Susanne S. den Mann. Sie sucht Kundschaft, und er nimmt sie mit. Seine Wohnung ist zugleich seine Werkstatt. Neben Videogeräten finden sich darin Werkzeuge, Zangen, ein Flaschenzug. Am Abend vor der Tat hat der Mann zu einem Bekannten gesagt: »Wenn ich hier eine mitnehme, die häng ich am Flaschenzug auf. Die kann dann aber kreischen.« Manchmal hat der Mann dem Bekannten auch Pornofilme gezeigt. Die waren so schlimm, sagt der als Zeuge vernommene Bekannte, daß er den Vorführraum verlassen habe.

»Es war ein Kumpel«, sagt die Vermieterin über das Opfer. In einer beigezogenen Akte aus dem Jahre 1978, verhandelt vor dem Amtsgericht in Lauterbach, kann man lesen, daß der Mann damals versucht hat, eine Anhalterin zum Geschlechtsverkehr zu zwingen. Als sie sich befreien konnte, rief er ihr nach: »Verdammte Hure.« Er hat Glück gehabt, der Mann, daß er in Lauterbach war, wo die Frauen sowieso nicht so viel zählen: Beleidigung und Freiheitsberaubung macht DM 1950,- Geldstrafe. Würde ein Jurastudent in einer Klausur bei dieser Sachlage eine versuchte Vergewaltigung verneinen, bekäme er die Note mangelhaft. Aber Lauterbach liegt im Vogelsberg, weit von allen Universitäten entfernt.

Die Mutter des Opfers legt dem Gericht ein Attest vor. Der Sohn war krank. Nach einer Hirnhautentzündung gar »leicht behindert, ein Grenzfall«. Es ist gut, wenn man einen organischen Befund präsentieren kann, dafür, daß einer, der einem anvertraut war, so geworden ist und nicht anders. Über die Angeklagte schreibt die *Dill-Post* in den Tagen des Prozesses: »Sie ist eine hochgewachsene, hübsche Blondine, ausgebildet im ehrbaren Fleischerhandwerk.« Und über die Begegnung zwischen der Angeklagten und dem Mann liest sich: »Seine Wahl fiel auf die schöne Leibesdienerin aus dem Scheldetal, die zum Preis von 100 Mark mit ihm einig wurde.«

Dr. Risse findet im Blut von Susanne S. alles, was zu einer Polytoxikomanin gehört. Koks, THCC, Heroin, Alkohol. Prostitution als eine Beschaffungsmöglichkeit für den Stoff. Abweichendes, nicht kriminelles Verhalten von Frauen, sagen die Kriminologen dazu.

Über die Seele von Susanne S. hätte Dr. Jöckel etwas sagen können. Aber er kann nicht. Er ist Arzt an der Gerichtlichen Psychiatrie im hessischen Haina. Er ist dort stellvertretender Klinikleiter und Oberarzt der Aufnahmestation. Er will fünf Gespräche mit der Angeklagten geführt haben. Ihre Biographie oder ihre Anamnese, wie sie schon früher in einer anderen psychiatrischen Klinik erstellt wurde, kennt er nicht. Er befindet aber, daß Susanne S. gesund sei, gesünder als die meisten seiner anderen Patienten. Aber die Tat. Was war zum Zeitpunkt der Tat? Selbst die Staatsanwaltschaft geht hier von einem Zustand der verminderten Schuldfähigkeit aus und beweist mehr Sensibilität als der gerichtliche Seelenarzt.

Und Notwehr, wie es die Verteidigung sieht? Der Mann wollte sie quälen, verletzen, ja vielleicht sogar töten. Er hat sie mit einer Pistole bedroht und gesagt: »Lebend kommst du hier nicht mehr heraus.« Dann hat sie, sagt die Angeklagte, die Schere genommen und zugestochen. Das klingt plausibel, aber etwas spricht gegen diese Version. Als man ihn fand, den toten Mann, war er an Händen und Füßen gefesselt. Hat die Frau auf einen Wehrlosen eingestochen? Die Angeklagte läßt sich auf die Fragen des Richters ein. Sie sagt, sie habe den Mann erst hinterher gefesselt, nach den Stichen. Sie habe ihr Opfer, das eigentlich ihr Täter hätte werden wollen, mit Schnüren umbunden. Das macht keinen Sinn. Aber wir sind auch nicht im Reich der Sinne. So kann die Fesselung etwas Symbolisches in sich tragen. Sie hat ihn verschnürt. Ein für allemal.

Wenn Frauen töten – und wann töten sie schon mal –, öffnet sich die Gruft der Alltagstheorien: Tötende Frauen sind Giftmischerinnen und blond, anziehend und unbefriedigt. Sie greifen zu den Werkzeugen des täglichen Lebens. Sie töten aus Leidenschaft und manchmal aus Gier, oft aber aus einem Hinterhalt. Dr. Risse hat die Angeklagte nicht belastet. Blutunterlaufungen waren an den Handfesseln nicht vorhanden. Das kann für die Fesselung danach sprechen. Muß aber nicht. Auch hier liegt kein zwingendes Indiz vor. In dubio pro rea?

Einmal während der Hauptverhandlung, zum Mittag hin, hat Dr. Risse am Richtertisch die Obduktionsbilder ausgebreitet. Da standen sie, neun Männer, fünf davon in schwarzen Roben. Richter, Anwälte, Gutachter. Ihre Akribie beim Betrachten der Obduktionsbilder, beim Versuch, die Wahrheit zu ergründen, ihre heruntergebeugten Oberkörper, alles erinnerte aus der Perspektive des Zuschauerraums an eine Operationsszene. Abseits davon saßen die Angeklagte und der Protokollant. Susanne S. mutete sich nicht zu, noch einmal zu sehen, was sie ohnehin ihr ganzes Leben verfolgen wird: die Bilder, wie sie einen Menschen tötet. Und der Protokollant am Landgericht Gießen? Der

Mann, der den Verlauf der Verhandlung auf einem kleinen Spezialgerät mitzuschreiben hat, ist blind. Er sieht keine Bilder, aber er hört. Das gibt ihm etwas von der Würde der Frau Justitia, dieser feinen Dame, die eine Binde vor den Augen trägt. Und es scheint, als habe dieses Bild auf die fünf Richter abgefärbt. Nach sieben Verhandlungstagen sprachen sie Susanne S. frei. Die Staatsanwaltschaft hat auf Rechtsmittel verzichtet.

Abkürzungsverzeichnis

a. a. O.	am angegebenen Ort
a.A.	andere Auffassung
BGH	Bundesgerichtshof
BND	Bundesnachrichtendienst
BVerfG	Bundesverfassungsgericht
DuR	Demokratie und Recht
GG	Grundgesetz
GVG	Gerichtsverfassungsgesetz
FS	Festschrift
h.M.	herrschende Meinung
JGG	Jugendgerichtsgesetz
JZ	Juristenzeitung
JW	Juristische Wochenschrift
KK	Karlsruher Kommentar
LG	Landgericht
Loewe/ Rosenberg	Kommentar zur Strafprozeßordnung erscheint seit 1923
MDR	Monatsschrift für Deutsches Recht
NJW	Neue Juristische Wochenschrift
OLG	Oberlandesgericht
StV	Strafverteidiger
StGB	Strafgesetzbuch
StPO	Strafprozeßordnung
ZRP	Zeitschrift für Rechtspolitik
ZZP	Zeitschrift für Zivilprozeßrecht

Hinweise

Über Ungebührlichkeiten vor Gericht
erschien zunächst unter dem Titel »Über das Sitzenbleiben und andere Ungebührlichkeiten vor Gericht«, in: Norbert Leygraf (Hrsg.), *Die Sprache des Verbrechens. Festschrift für Wilfried Rasch*, Stuttgart, Berlin, Köln 1993, S. 165-171.

Der Philosoph als Detektiv
ist eine erweiterte Fassung des gleichlautenden Aufsatzes in: Sabine Gürtler (Hrsg.), *Spontaneität und Prozeß. Festschrift für Ulrich Sonnemann*, Hamburg 1992, S. 234-247.

Über das Ende des Strafvollzuges
erschien gekürzt unter dem Titel »Über das Scheitern deutscher Abolitionismen«, in: Knut Papendorf/Karl F. Schumann (Hrsg.), *Kein schärfer Schwert, denn das für Freiheit streitet! Festschrift für Thomas Mathiesen*, Bielefeld 1993.

Das verschlossene Amtsgericht
gehörte, wie auch die folgenden Beiträge, zu einer Serie von Gerichtsreportagen und erschien in der *Wochenpost* vom 3. März 1994 unter dem Titel »Kurzer Prozeß«.

Fahrlässige Tötungen
in gekürzter Fassung: *Wochenpost* vom 6. Juni 1994.

Der Haftgrund der Verdunkelungsgefahr
erschien zunächst in der Zeitschrift *Strafverteidiger* 1992, S. 445-449.

Wenn Frauen töten
erschien in der *Wochenpost* vom 14. Juli 1994 unter der Überschrift »Verschnürt. Ein für allemal.«

eva

Martin Dannecker
Das Drama der Sexualität
EVA TB 174, 180 Seiten
ISBN 3-434-46099-3

Hans-Peter Duerr
Der Wissenschaftler und das Irrationale
Vier Bände im Schuber
EVA TB 60, 950 Seiten
ISBN 3-434-46060-8

Caroline Fetscher
Die Tropen als Text
Albert Schweitzers »zwischen Wasser und Urwald«
Gebunden mit Schutzumschlag
164 Seiten
ISBN 3-434-50019-7

Claudia Honegger/
Bettina Heintz (Hrsg.)
Listen der Ohnmacht
Zur Sozialisationsgeschichte weiblicher Widerstandsformen
EVA TB 38, 352 Seiten
ISBN 3-434-46038-1

Rudolph zur Lippe
Autonomie als Selbstzerstörung
Zur bürgerlichen Subjektkritik
EVA TB 33, 240 Seiten
ISBN 3-434-46033-0

Stephan Oettermann
Zeichen auf der Haut
Die Geschichte der Tätowierung in Europa
EVA TB 221, 131 Seiten
ISBN 3-434-46221-X

Paul Parin
Zu viele Teufel im Land
Aufzeichnungen eines Afrikareisenden (1985)
EVA TB 205, 189 Seiten
ISBN 3-434-46205-8

Paul Parin/Fritz Morgenthaler/
Goldy Parin-Matthéy
Die Weißen denken zuviel
Psychoanalytische Untersuchungen bei den Dogon in Westafrika
EVA TB 206, 630 Seiten
ISBN 3-434-46206-6

Europäische Verlagsanstalt
Parkallee 2
20144 Hamburg
Tel. 040/450194-0
Fax 040/450194-50

Kultur und Verhaltensformen